I0814891

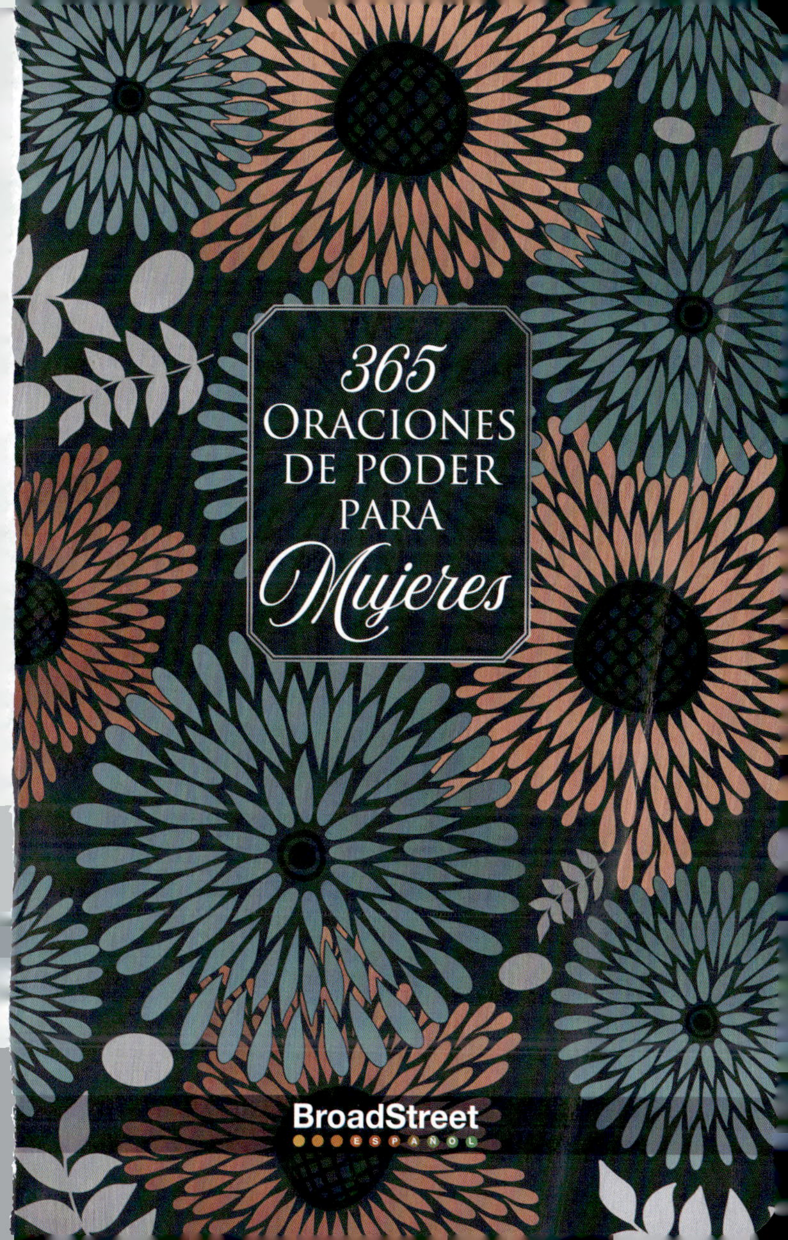

365
ORACIONES
DE PODER
PARA
Mujeres
BroadStreet
ESPAÑOL

BroadStreet Publishing Group, LLC.
Savage, Minnesota, USA
Broadstreetpublishing.com

365 ORACIONES DE PODER PARA *Mujeres*

ISBN: 978-1-4245-6876-5 (piel símil)
e-ISBN: 978-1-4245-6877-2 (libro electrónico)

Devociones escritas por Sara Perry y Suzanne Niles; compiladas por Michelle Winger.

Diseño por Chris Garborg | garborgdesign.com

Traducción, adaptación del diseño y corrección en español por LM Editorial Services | lmeditorial.com | lydia@lmeditorial.com con la colaboración de Yvette Fernández-Cortez (traducción) y www.produccioneditorial.com (tipografía)

Impreso en China / Printed in China

24 25 26 27 28 * 6 5 4 3 2 1

La oración ferviente
de una persona justa
tiene mucho
poder y da resultados
maravillosos.
SANTIAGO 5:16 NTV

Introducción

«El cielo y la tierra dejarán de existir,
pero mis palabras permanecerán para siempre».

Mateo 24:35 TLA

Esta es una de las muchas promesas que Dios ha dado sobre tu vida. Sus promesas se aplican a cada situación y son válidas en todo tiempo. Reflejan su carácter y confirman su propósito en tu vida.

Este libro de oraciones y declaraciones te ayudará a adquirir confianza en el amor y la misericordia perdurable de Dios. Cuando necesites ánimo o un recordatorio de quién es Dios, regresa a su Palabra y declárala sobre tu situación. La palabra de Dios es tan viva, activa y relevante hoy como lo fue desde el principio.

Mientras reflexionas en cada una las lecturas diarias, aférrate a las promesas de Dios, decláralas sobre tu vida y descubre su gracia y fortaleza ilimitadas.

Enero

La oración ferviente de una
persona justa tiene mucho
poder y da resultados
maravillosos.

SANTIAGO 5:16 NTV

Un deleite auténtico

Qué alegría para los que no siguen
el consejo de malos.

Salmos 1:1 NTV

Padre de sabiduría, no quiero llegar a perder ni una milésima del gozo que se encuentra en tu presencia. Rodéame con tu Espíritu y llena mi corazón con tu paz que sobrepasa todo entendimiento. Aunque encuentro deleite en muchas áreas de mi vida, nada es tan dulce como el deleite que encuentro en tu ternura.

A medida que te sigo en el camino de tu bondad amorosa, voy dejando de lado mis prejuicios y preocupaciones, confío en que mi porción es tu paz de gozo. Gracias por amarme por completo. Me deleito libremente en ti por tu misericordia inquebrantable.

Declaro que a medida que avance mi día, elegiré caminar en la sabiduría de los caminos de Dios. Cuando elija la misericordia sobre los prejuicios, y la bondad sobre las ofensas, encontraré una libertad más grande en tu amor. En lugar de preservarme a mí para mis propias preferencias, elegiré pensar en los efectos que tienen mis acciones sobre las personas que me rodean. Por la gracia de Dios, viviré más abiertamente, con compasión y motivación.

MISERICORDIA ETERNA

Él nos libró y nos librará de tal peligro de muerte.
En él tenemos puesta nuestra esperanza
y él seguirá librándonos.

2 CORINTIOS 1:10 NVI

Maravilloso Dios, eres mi libertador. En ti he puesto mi esperanza cuando cualquier otra opción en la que esperaba se ha disipado. Eres la fortaleza que necesito desesperadamente cuando me siento muy débil para levantarme por mis propios medios. Cuando el mundo alrededor de mí es todo un caos y siento como si todo desfalleciese alrededor de mí, tú eres mi única esperanza.

Anhelo tener tu paz confiable para rodearme e inundar mis sentidos con ella. ¡Libérame, Señor! Libérame de los temores y rescátame de la ansiedad devastadora. Me aferro a ti, confío en ti. Ven nuevamente, Señor.

Así como lo has hecho con otros, declaro que tu amor me rodeará y me llenará en medio de las circunstancias más adversas. Eres mi libertador y nunca cambiarás. Declaro que mi corazón puede confiar en ti por completo, pues has hecho maravillas. Tu misericordia aún no se ha acortado.

Una fe incuestionable

Al que soporta las dificultades, Dios lo bendice y, cuando las supera, le da el premio y el honor más grande que puede recibir: la vida eterna, que ha prometido a quienes lo aman.

Santiago 1:12 tla

Jesús, pongo mi fe completamente en tu carácter y en tu eterna misericordia. No necesito todas las respuestas para confiar en ti. La fe sólida se construye sobre el fundamento de tu bondad, no de la mía, lo que me llena de agradecimiento. No existe nada que pueda hacer para convencerte de amarme más, pues ya me amas a pesar de todo y en cualquier circunstancia.

Construyo mi fe alrededor de tu naturaleza y te doy acceso a mi corazón. Dejo mis preocupaciones, mis inquietudes y me cimiento en tu palabra. A pesar de que continúen dándose desafíos en mi vida, seguiré creyendo que eres bueno, que eres fiel y verdadero.

Declaro que, a pesar de estar rodeada por dificultades, la bondad del Señor nunca flaqueará. Pongo mi fe en el creador de todas las cosas y me levanto en la verdad de su misericordia eterna. A medida que avance mi día, veré el poder de su Espíritu trabajando en mi vida, haciendo que crezca el fruto de la paciencia, la paz y el gozo, incluso cuando naturalmente no podría darse. El Señor es mi victoria.

Rescatada

Dios nos rescató de la oscuridad en que vivíamos
y nos llevó al reino de su amado Hijo.

Colosenses 1:13 TLA

Rey de reyes, no tengo las palabras suficientes para empezar a agradecerte por la increíble bondad que has tenido hacia mí. Gracias por rescatarme de la oscuridad en la que estaba y traerme a tu luz gloriosa. Aquí en tu paz encontré un hogar y recibí vida en tu amor.

Gracias por la libertad que tengo en ti. ¡Nada supera la fuerza de tu misericordia! Me has dado espacio para correr, para respirar profundamente y para sanar. Gracias por llamarme tuya.

Hoy, a la luz de este momento, declaro que la libertad que conocí primero en Cristo es la misma libertad poderosa que tengo aquí y ahora. En el poder de Cristo, soy libre para vivir en su amor. No existe nada que pueda separarme de su poderosa misericordia y nadie puede arrancarme de su amor. Me ha librado de las amenazas del temor y pertenezco al Rey de reyes.

Dios inmutable

Toda buena dádiva y toda perfecta bendición descienden de lo alto, donde está el Padre que creó las lumbreras celestes, y quien no cambia ni se mueve como las sombras.

Santiago 1:17 nvi

Dios inmutable, cuando veo el reflejo del sol al ocultarse sobre las montañas, cuando siento la brisa del océano acariciar mi rostro y cuando escucho el sonido de las poderosas olas, no puedo más que asombrarme por tu creación. Eres el Dios que creó las flores silvestres y las estrellas fugaces, eres el mismo Dios que cuida de mí.

Gracias por los regalos perfectos de tu bondad en mi vida. Dame ojos para ver la belleza que hay en el mundo, pues sé que estás presente incluso en mis momentos más apagados, pues tú eres Dios quien siempre está lleno de emoción. ¡Te amo!

A medida que avanza mi día, declaro que mis ojos se abrirán a los regalos de la bondad de Dios que me rodea. No perderé ningún detalle de la perfección que ya está presente en mi vida y que se levanta para saludarme. Caminaré en este mundo llena de compasión y curiosidad, y seguiré desarrollando mi capacidad de maravillarme cuando pueda ver las huellas de Dios en la creación.

Esperanza interminable

Nuestra esperanza es la vida eterna, la cual Dios, que no miente, ya había prometido antes del comienzo del tiempo.

Tito 1:2 NVI

Señor, creo que eres el camino, la vida y la verdad. Confío en que lo que hablaste es verdad y que lo cumplirás. Tu amor fiel no cambia para lo que has hecho y yo estoy incluida en esa creación.

Gracias por la promesa de tu reino y la esperanza inquebrantable de una vida eterna en la luz viviente de tu presencia. Permite que hoy tu Espíritu anime mi corazón y me llene con la confianza de tu presencia. Eres mi esperanza y me aferro a ti.

Declaro que sin importar lo que enfrente hoy, sin importar por lo que vaya a atravesar, Dios es el mismo Dios poderoso, bueno, amoroso y salvador que siempre ha sido. No tengo temor, pues la esperanza de su reino venidero es mi fundamento y no será sacudida. No importa cuándo días me queden en esta vida limitada, tendré muchos más en la vida futura.

En Cristo

Todas las promesas que ha hecho Dios son «sí» en Cristo. Así que por medio de Cristo respondemos «amén» para la gloria de Dios.

2 Corintios 1:20 NVI

Señor Jesús, en ti encuentro la plenitud del corazón de amor de Dios. Tú, que te sentaste con los marginados, que cenaste con los publicanos, que anduviste de ciudad en ciudad compartiendo el amor del Padre, tú eres a quien busco hoy. Me siento muy agradecida de que seas aquel que pasa por alto las ofensas.

Tu amor me atrae hacia ti y tu verdad me constriñe. Gracias por mostrarme cómo se ve el corazón del Padre. Eres el camino, la vida y la verdad.

Declaro que en tu amor estoy completa. Eres mi libertad, mi paz y mi gozo. No existe nadie que me ame de tal manera, que me levante cuando estoy abatida por las circunstancias de la vida o que siempre se mantenga a mi lado. Declaro que cada regalo bueno y perfecto viene de ti. Eres mi tesoro más grande.

Pruebas divinas

Pues, desde la creación del mundo, todos han visto los cielos y la tierra. Por medio de todo lo que Dios hizo, ellos pueden ver a simple vista las cualidades invisibles de Dios: su poder eterno y su naturaleza divina. Así que no tienen ninguna excusa para no conocer a Dios.

Romanos 1:20 NTV

Creador, veo tu obra en la complejidad del mundo que me rodea. Veo demasiada belleza en la creación de los copos de nieve y en mi corazón se levanta una admiración enorme cuando veo la luz y el cambio de los colores del hermoso atardecer.

Mientras me maravillo por la creación, mi corazón arde en deseo de conocerte más. Revélate tu bondad amorosa en formas frescas en las que pueda verte hoy. Lléname con asombro y con maravilla cuando amplíes el entendimiento que tengo de tu gran bondad. Anhelo conocerte más.

A pesar de deslumbrarme con el brillo de las estrellas en el cielo aterciopelado, declaro que tu luz brillará mucho más en mí. Soy un reflejo de tu misericordia vivificante, pues sé que es mucho más brillante que el sol. Cuando vea el cielo alrededor de mí, no pasaré por alto la belleza de tu carácter y tu creatividad.

Oportunidades interminables

Cuando tengan que enfrentar cualquier tipo de problemas, considérenlo como un tiempo para alegrarse mucho porque ustedes saben que, siempre que se pone a prueba la fe, la constancia tiene una oportunidad para desarrollarse.

Santiago 1:2-3 NTV

Maravilloso Dios, gracias por la oportunidad de reestructurar mis experiencias a la luz de tu gran amor. No existe un problema demasiado difícil para ti. Sé que cada uno de esos problemas se convierte en una oportunidad para experimentar tu presencia perdurable en una medida incluyo mayor.

Eres mi gozo y el desarrollo de mi carácter refleja tu obra en mi vida. Dame una resistencia paciente y una tenacidad que me permita mantener tu perspectiva y verdad sobre mi propio entendimiento. Abro nuevamente mi corazón a ti.

Declaro que sin importar lo que enfrente hoy, lo haré en la fuerza del Espíritu de Dios como mi sostén y mi fuente. Nada puede alejarme del gran y misericordioso corazón de mi Padre. Ni las dificultades más grandes ni las interrupciones más impertinentes me quitarán la oportunidad de mantener el gozo del Señor.

Dios me sostiene

Y ahora, que toda la gloria sea para Dios, quien es poderoso para evitar que caigan, y para llevarlos sin mancha y con gran alegría a su gloriosa presencia.

Judas 1:24 NTV

Padre misericordioso, gracias por tu fidelidad en mi vida. Descanso en tu poder para mantenerme cerca, en tu paz para consolar mi indeciso corazón y en tu gozo para ser mi fuerza. Gracias por rodearme con tu presencia y por guiarme en una libertad más profunda en tu amor.

Eres quien me sostiene para no caer. Eres la esperanza a la que me aferro y lo más importante, me sostienes con tu misericordia interminable. No existe nada que pueda intimidarte y descanso al saber que todo lo ves con claridad. En ti hay esperanza para restauración y redención.

Declaro que sin importar las tentaciones que casi me han hecho renunciar, Dios no ha terminado conmigo, sigue obrando. Aquellas cosas que me desaniman no lo desaniman ni decepcionan a Él. Hay más gozo, más paz, más pasión, más amor y más esperanza en la presencia abundante de Cristo que vive en mí.

INMENSA SABIDURÍA

Pues la locura de Dios es más sabia que la sabiduría humana y la debilidad de Dios es más fuerte que la fuerza humana.

1 CORINTIOS 1:25 NVI

Sabio Dios, no existe una perspectiva más amplia en el universo que la tuya. Al ser la fuente de toda la vida, ves todo con claridad. Nada te deja sin palabras. Gracias por compartir tu sabiduría con aquellos que la buscan. Anhelo conocerte más y caminar en la plenitud de tu reino.

Cuando te busque hoy, dame una revelación más grande de tus caminos. Lléname con la fuerza de tu presencia. A la luz de la perspectiva de tu grandeza, soy tan minúscula como una hormiga, pero a pesar de eso, me ofreces acceso a tu sabiduría sin igual. ¡Gracias!

Hoy, abro mi mente a la dirección, el discernimiento y la sabiduría de Dios. No dependeré de mi propio entendimiento, sino de la perspectiva de Dios que gobierna y reina sobre todo. Cuando vea su palabra y medite en las escrituras, encontraré dirección y guía. Declaro que la sabiduría de Dios gobierna en mi vida.

Todo lo que necesitamos

Mediante su divino poder, Dios nos ha dado todo lo que necesitamos para llevar una vida de rectitud. Todo esto lo recibimos al llegar a conocer a aquel que nos llamó por medio de su maravillosa gloria y excelencia.

2 Pedro 1:3 NTV

Dios glorioso, busco en ti todas mis necesidades. Cada carencia que tengo es un recordatorio para acudir a ti. No dudas en satisfacer estas necesidades con la provisión de tu presencia. No retienes aquello que necesito. Las raíces de mi fe están plantadas profundamente en tu misericordia y quiero vivir tomando fuerzas directamente de la fuente de tus aguas puras y vivas.

Abre mis ojos para ver dónde han provisto para mis necesidades. Dame una mayor garantía y paz en mi corazón para confiar en que seguirás haciéndolo.

Como hija de Dios, no soy extraña a su bondad. No retiene de su abundancia al darme, sino que sobreabunda sobre mis necesidades con las riquezas de su gloria. Es más poderoso que mis temores y seguiré viendo la bondad de Dios en la tierra de los vivientes.

ESPERANZA VIVA

Bendito sea el Dios y Padre de nuestro Señor Jesucristo, que por su gran misericordia y mediante la resurrección de Jesucristo nos ha hecho nacer de nuevo a una esperanza viva, para que recibamos una herencia incorruptible, incontaminada e imperecedera.

1 PEDRO 1:3-4 RVC

Padre misericordioso, gracias por la esperanza viva que encuentro en tu hijo. Gracias al poder de la resurrección de su sacrificio, nuevamente tengo vida en tu amor. Aunque a veces vienen pruebas y problemas que me abruman, no olvidaré que tú eres el redentor, el restaurador y quien levanta mi cabeza.

Mientras abro mis manos en rendición ante ti, llévate las preocupaciones que han arrastrado mi esperanza. Te ofrezco las cargas pesadas de mis temores. Libérame para disfrutar de tu gozo y paz mientras fijo mis ojos en Jesús, mi esperanza verdadera y viva.

Sin importar lo que enfrente hoy, mi herencia en Cristo no mengua. Nada puede alejarme del amor de Dios y nadie puede robar mi destino. Estoy aferrada firmemente en la misericordia del corazón de Dios y mi futuro está definido en Él. ¡Gloria a Dios!

Consuelo verdadero

Alabado sea el Dios y Padre de nuestro Señor Jesucristo, pues él es el Padre que nos tiene compasión y el Dios que siempre nos consuela. Él nos consuela en todos nuestros sufrimientos, para que nosotros podamos consolar también a los que sufren, dándoles el mismo consuelo que él nos ha dado a nosotros.

2 Corintios 1:3-4 dhh

Consolador, gracias por venir y acercarte durante este tiempo de problemas y por estar conmigo cuando mi corazón está quebrantado. Cuando el desánimo arrastra mi corazón, aquí estás. Abrígame con la bondad amorosa de tu presencia. Calma mi ansiedad con tu paz reconfortante.

Me inclino hacia tu amor, llena de entusiasmo por este momento en el que me conoces tal como soy. Gracias por tu misericordia, la cual no disminuye ni aumenta basándose en mis sentimientos, pues siempre es abundante.

Ofreceré alabanzas hoy a Dios por su cercanía. Incluso en mi incomodidad, su paz está para mí. Durante mi tiempo de gran dolor, su Espíritu está cerca y me consuela. Declaro que no buscaré escapar del dolor de mis emociones, sino que siempre permitiré que Dios me ministre en medio de ese dolor.

Resistencia paciente

Mas tenga la paciencia su obra completa, para que seáis perfectos y cabales, sin que os falte cosa alguna.

Santiago 1:4 RVR1960

Dios perfecto, me conoces mejor de lo que yo me conozco a mí misma. Ves mis luchas para guardar paciencia durante la espera y dejar que cada momento tenga su propia importancia. Prefiero acelerar y adelantarme a las partes emocionantes de la vida que quedarme sentada esperando los ciclos de cambio y transformación.

Pero tú, oh Dios, creaste las estaciones y eres quien define los ciclos de la naturaleza. Quiero valorar lo que tú valoras y sumergirme en los ciclos de espera y ocupación que permitan un mayor crecimiento. Confío en ti más de lo que confío en mis propios sentidos.

Cuando me siento apresurada, en lugar de seguir adelantándome, desaceleraré la marcha y me preguntaré por qué siento la necesidad de moverme tan rápidamente. Los procesos tienen su propia belleza y aprenderé a amarlos. Declaro que permitiré que la paciencia logre madurez, presencia y placer en las pequeñas cosas. ¡Empezaré hoy!

La ayuda del Espíritu Santo

Hermanos amados de Dios, sabemos que él los ha escogido, porque nuestro evangelio les llegó no solo con palabras, sino también con poder, es decir, con el Espíritu Santo y con profunda convicción. Como bien saben, estuvimos entre ustedes buscando su bien.

1 Tesalonicenses 1:4-5 nvi

Espíritu Santo, sin tu ayuda, todo lo que tengo es conocimiento y un conjunto de sistemas de valores. No quiero depender solo en las palabras que otras personas han dicho. Genera en mi corazón una convicción más profunda a medida que te acerques y llena mi vida con el poder de tu presencia. Quiero conocerte como conozco a mis mejores amigos. Quiero tener una relación contigo y mantener el asombro ante ti para conocer el amor de Dios a través de tu amistad.

Declaro que mi vida no solamente quedará marcada por lo que digo que creo, sino también por el poder de Dios que obra en mí. El Espíritu Santo me enseña a través de revelación y una sabiduría profunda en mi ser más profundo. Cuando la palabra de Dios toma vida, todo mi ser tiembla con el resplandor de su amor, gozo, paz y esperanza.

Luz pura

Este es el mensaje que hemos oído de él
y que anunciamos: Dios es luz y en él
no hay ninguna oscuridad.

1 Juan 1:5 NVI

Dios que resplandeces, en la luz de tu presencia tengo vida. No existe nada oculto en tu corazón y no existen dobles intenciones cuando te acercas a la humanidad. Eres pleno de amor leal para alcanzar tu misericordia y gracia a todos. Gracias por amarme tan completamente, por liberarme de mi vergüenza y por darme tu paz abundante cuando el mundo fluye inestable.

Cuando busco sabiduría en ti, la luz pura de tu verdad brilla en mi entendimiento. Dios radiante, brilla en mí con la luz resplandeciente de tu bondad una vez más. Lléname para rebosar con el gozo de tu presencia. Hoy anhelo adquirir una visión más amplia de tu gloria.

En la luz de la presencia de Dios, no queda ni una sola sombra. Declaro que mientras viva con mayor decisión y un corazón rendido a Él, no temeré a nada. Todo lo malo, Él lo convertirá en bueno y no dejará que las tinieblas me destruyan.

Irresistible amor

Dios decidió de antemano adoptarnos como miembros de su familia al acercarnos a sí mismo por medio de Jesucristo. Eso es precisamente lo que él quería hacer, y le dio gran gusto hacerlo.

Efesios 1:5 NTV

Padre amado, no puedo empezar a imaginar o describir cuán grande es tu compasión. Mi mente no puede comprender la inmensidad de tu misericordia. El amor impulsa todo lo que haces. Jesús dio una descripción de ti y mostró tu amor leal y lleno de gracia, también limpió todas esas ideas de que eras una deidad difícil de complacer y quien estaba desconectado de nuestro dolor y sufrimiento.

Jesús hizo la revelación de que eres un padre tierno y paciente para el hijo pródigo. Demostró tu gran compasión al sanar a aquellos que la sociedad llamaba impuros, intocables e indignos de ser amados. Todos tienen un hogar en tu amor. ¡Gracias, Padre!

Declaro que no existe una razón para dejar que el miedo me atrape en períodos de remordimiento y vergüenza cuando el amor ya me ha hecho libre. El Padre no está desilusionado de mí, entonces, ¿por qué dejaría que mi propia desilusión me mantenga alejada de Él? Soy su hija amada y hoy, corro a sus brazos.

SABIDURÍA GENEROSA

Si necesitan sabiduría, pídansela a nuestro generoso Dios, y él se la dará; no los reprenderá por pedirla.

SANTIAGO 1:5 NTV

Sabio Dios, hoy vengo ante ti con todas mis preguntas, mis inquietudes y mis dudas. Creo que eres generoso con tu perspectiva, así como con tu amor. Enséñame tus caminos, guíame en tu sabiduría y mantenme firme en tu verdad.

Sé cuánto necesito de ti en mi vida. No despreciaré la necesidad de preguntar, pues tú estás lleno de sabiduría y ves todo con claridad. Descanso en la relación que tenemos y me deleito al recibir revelaciones de tu perspectiva, las cuales amplían la mía. Tu sabiduría me da más entendimiento cuando el temor trata de mantener mi pensamiento diminuto. Generoso Dios, enséñame más de tus caminos.

Más que querer hacer las cosas a mi manera, quiero caminar en la sabiduría de los caminos de Dios. Quiero seguir el camino de amor que Dios establece. Declaro que la sabiduría de Dios es mi luz y guía. No caminaré en ceguera, pues Él ilumina los pasos que van ante mí.

ELEGIDA

«Antes de formarte en el vientre, ya te había elegido; antes de que nacieras, ya te había apartado».

JEREMÍAS 1:5 NVI

Creador, gracias por conocerme mejor que cualquier otra persona. Conoces lo que me da curiosidad, lo que me da ambición y lo que me retiene en el temor. Conoces cada motivación de mi corazón y el número de cabellos en mi cabeza. Tú, mi creador, me formó en el vientre de mi madre. Incluso antes de que lo hicieras, sabía quién sería yo.

Confío en que no te equivocas y que quien soy resulta ser maravillosa para ti. Entrego mi corazón y mi vida a ti, con plena consciencia de que eres el único que sabe lo que es mejor para todos. Guíame en tu amor y brilla tu luz en mí. Quiero vivir en el deleite de tu presencia.

He sido creada bella y maravillosamente. Declaro que aceptaré y celebraré quién soy, así como Dios lo celebra, porque quien me creó se deleita en sus hijos. He sido elegida para ser suya y viviré en la libertad y la confianza de su amor.

Él sigue obrando

Estando convencido de esto: que el que en ustedes comenzó la buena obra, la perfeccionará hasta el día de Cristo Jesús.

Filipenses 1:6 RVC

Perfecto Dios, gracias por no rendirte conmigo. Incluso cuando no logro ver lo que estás haciendo, creo que tu misericordia va tejiendo la tela de mi vida. Hoy, llena mi corazón con la emocionante verdad de que no has terminado conmigo. Hoy no es el final de mi historia, sino una nueva oportunidad y la continuidad de tu fidelidad.

Dame ojos para ver en donde te estás moviendo en formas sorprendentes. Que tu poder reavive mi corazón en esperanza. Que la paz de tu presencia proteja mi mente y calme mi corazón.

Declaro que la obra que el Señor ha empezado en mí no ha terminado. Todavía no ha completado con los milagros de su misericordia en toda mi historia. Este momento es todo lo que tengo y aquí, Él me llena con la plenitud de su presencia. Soy totalmente amada, aceptada y liberada de una forma ahora, aquí y ahora, en su amor perfecto.

Confío en Él

Así que alégrense de verdad. Les espera una alegría inmensa. Ustedes aman a Jesucristo a pesar de que nunca lo han visto. Aunque ahora no lo ven, confían en él y se gozan con una alegría gloriosa e indescriptible.

1 Pedro 1:6, 8-9 NTV

Mi Dios confiable, gracias por el gozo que encuentro en tu presencia. Estoy agradecida por la promesa de que hemos de recibir mucho más gozo. He probado y visto tu bondad en mi vida y sigo anhelando mucho más. Anhelo beber la frescura de tu misericordia sobre mi vida, la cual me encuentra con precisión en donde esté.

Lléname con tu presencia y rodéame con tu luz y vida. Amplía mi entendimiento en tu sabiduría y dame el aliento de liberación para que mi alma tenga un profundo descanso a medida que suelte lo que no puedo controlar y lo entregue en tus manos. Confío en ti.

Declaro que Dios es digno de mi confianza sin importar las circunstancias que enfrente. Aunque puedan venir tormentas y se disipen, su palabra permanece en verdad. Su misericordia es inmutable y abundante hacia mí. Seguiré ahondando en su paz al seguir rindiendo mi confianza a Él, una y otra vez.

Luz de unidad

Mas si andamos en la luz, como Él está en la luz, tenemos comunión los unos con los otros, y la sangre de Jesús su Hijo nos limpia de todo pecado.

1 Juan 1:7 LBLA

Radiante Jesús, anhelo vivir en la luz de tu presencia todos los días de mi vida. Decido elegir amor en lugar de seguir alimentando mis ofensas. Quiero ser una promotora de paz en lugar de ser una sembradora de disensiones.

Mientras mantenga mi mirada en ti, brilla la luz de tu gracia amorosa sobre mi mente, mi corazón y en todo mi ser. Hazme una contigo, que toda vergüenza, temor y preocupación quede en silencio ante tu paz presente. ¡Gracias!

Sin importar con qué frecuencia caiga y fracase, siempre tendré una nueva oportunidad para volver a levantarme. La luz pura de la presencia de Jesús está aquí conmigo y no ha disminuido. Estoy completa en su abrazo de amor y no quedará ni una sola parte de mi vida que su misericordia no abarque. Soy una con Él y en unión con aquellas personas que mantienen una relación con Él.

PURIFICADA Y FORTALECIDA

Estas pruebas demostrarán que su fe es auténtica. Está siendo probada de la misma manera que el fuego prueba y purifica el oro, aunque la fe de ustedes es mucho más preciosa que el mismo oro. Entonces su fe, al permanecer firme en tantas pruebas, les traerá mucha alabanza, gloria y honra en el día que Jesucristo sea revelado a todo el mundo.

1 PEDRO 1:7 NTV

Padre fiel, no dejaré que las presiones de la vida me alejen de ti hoy. Eres mi porción perfecta, la fuente de mi esperanza y todo lo que necesito para inspirarme a seguir eligiendo el camino de amor.

Inunda mis sentidos con tu presencia llena de poder y guíame en tu misericordia. Sé que las pruebas podrán llegar y terminarse, pero tu amor firme nunca cesará. Fortaléceme y purifícame mientras siga sumergiéndome en ti. Dependo de tu ayuda y dirección, Señor.

Mi fe se fortalece con la pasión que prevalece para que siga adelante sin importar lo que viene. A pesar de que las dificultades permanezcan en mi vida, la resistencia va desarrollándose en mi alma cuando sigo sumergiéndome en la paz de Dios. Seguiré dejando que Dios entre a mi corazón y a mi vida, porque Él es mi esperanza.

ESPÍRITU DE DOMINIO PROPIO

Porque no nos ha dado Dios espíritu de cobardía, sino de poder, de amor y de dominio propio.

2 TIMOTEO 1:7 LBLA

Espíritu, siempre traes dádivas buenas y celestiales. Tu presencia transmite paz, gozo, tranquilidad, fuerza, esperanza y amor. Das perspectiva a mi mente tan cerrada y amplías mi entendimiento con las revelaciones de la verdadera naturaleza de Dios. Eres mi confidente, mi amigo más cercano y mi mejor ayuda. ¡Sin ti no sé qué hacer! Me das total claridad ante la confusión y me permites tomar decisiones conscientes cuando me siento apresurada.

Gracias por mantenerte conmigo porque sin ti, estaría perdida. Gracias por tu amor que aligera mis miedos y calma mis ansiedades. Aquí, puedo tomar decisiones amorosas y sabias a la luz de los valores de tu reino.

El Espíritu de paz, amor y dominio propio vive en mí. Es la luz que me guía, mi mejor consejero y la voz de la verdad. No me apresuraré, no me quedaré estancada ni correré en temor. Permaneceré firme y dejaré que el Espíritu de amor me libere de los grilletes de vergüenza que me inhiben. Soy libre en la presencia de Jesús.

Bondad generosa

Dios es tan rico en gracia y bondad que compró nuestra libertad con la sangre de su Hijo y perdonó nuestros pecados.

Efesios 1:7 NTV

Jesús, gracias por la bondad generosa de tu sacrificio. No soy tan buena como tú para expresarme con palabras, pero puedo decir que tu promesa de libertad de tu misericordia es el regalo más grande que he recibido en mi vida. Estás lleno de generosidad. Tu gozo, paz, amor, bondad, fuerza y esperanza son mucho más plenas de lo que puedo imaginarme.

Lléname con revelaciones frescas de la extensión de tu amor. Hoy, quiero adorarte en asombro. No olvidaré la gracia que derramaste con manos abiertas sobre mi vida, tan grande como un arroyo interminable. ¡Cuánto te amo!

No hay nada en mi vida que esté oculto de Jesús ni de su misericordia. Compró mi libertad y tengo vida verdadera en su amor. Ya no hay más vergüenza, ni pecado, ni adicción, ni compromiso que no esté cubierto con su misericordia. Me ha liberado en la ola misericordiosa de su amor, soy verdaderamente libre.

Siempre bueno

Bueno es el Señor; es refugio en el día de la angustia y conoce a los que en él confían.

Nahúm 1:7 NVI

Señor, eres mi lugar seguro. Eres mi refugio cuando las tormentas de la vida se levantan con furia. Eres mi ancla de esperanza que me sostiene cuando los vientos azotan. Eres quien me cuida con amor, eres mi Padre cariñoso. Dependo de ti para mantenerme cerca, incluso en la vulnerabilidad de mi ser al buscar tu abundancia inmerecida.

Refréscame con la tibieza de tu refugio. Trae calma en el descanso de tu bondad. Confío en ti con todo lo que soy, todo lo que tengo y todo lo que espero. Eres bueno.

Sin importar de lo que suceda en el mundo alrededor de mí, creo que Dios es bueno. Declaro que seguiré viendo la bondad del Señor en mi vida. No detendrá de obrar en su misericordia en cada detalle de mi historia. Proclamaré con mi propia vida que Dios es bueno que le pertenezco.

PODER ESPIRITUAL

Pero cuando venga el Espíritu Santo
sobre ustedes, recibirán poder.

HECHOS 1:8 NVI

Espíritu Santo, te pido que desciendas sobre mi vida en una gran medida este día. Abre mis oídos para que pueda escucharte y mis ojos para que pueda ver tu obra. Quiero conocerte más, respirar en la paz de tu presencia y caminar en la confianza de tu amistad y convivencia. Contigo como mi guía sabia, no vacilaré ni a la derecha, ni a la izquierda.

Mantén mi corazón atrincherado en tu amor abundante que vivifica. Sáname, restáurame, guíame y desafíame. Calma mis preocupaciones y encierra mis temores en tu misericordia de sabiduría. Muévete en mi vida, pues confío en ti para hacer todo aquello que no podría hacer por mí misma.

Soy una hija del Dios viviente y como tal, estoy llena de su Espíritu. He entregado mi vida a Jesucristo y me ofreció vivir en su presencia para ayudarme en todos mis caminos. ¡El poder de Dios está trabajando en mi vida! Camino en la autoridad de su nombre y veré sucesos mucho más grandes de los que haya vivido en los milagros que ha hecho entre nosotros.

Recobra el Ánimo

No le tengas miedo a la gente, porque estaré contigo y te protegeré. ¡Yo, el Señor, he hablado!

Jeremías 1:8 NTV

Mi Señor y Dios, eres mi esperanza y mi ánimo santo. Me defiendes de las acusaciones del enemigo, eres quien intercede por mí y mi defensor. Eres el único que puede mover montañas y hoy, te pido que hagas precisamente eso en mi vida.

Anima mi corazón en tu presencia. A medida que avance mi día, muéstrame en formas tangibles que estás conmigo. Dijiste que nunca me dejarías ni me abandonarías, y lo creo. Mantenme a salvo y segura, elimina las barreras que pudieran detenerme, amedrentarme y hacerme sentir con vergüenza. Tu amor es más grande que todo ello.

Tengo la cobertura del favor de Dios porque soy su hija amada. Declaro que camino en la libertad de su amor y misericordia. No soy prisionera del temor porque Cristo me ha hecho libre. Soy libre para vivir con confianza, pues el Señor mi Dios, va conmigo en cada batalla.

El principio y el fin

«Yo soy el Alfa y la Omega —dice el Señor Dios—, el que es y que era y que ha de venir, el Todopoderoso».

Apocalipsis 1:8 NVI

Dios poderoso, tu existencia es atemporal y no puedo ni siquiera imaginarme la grandeza de tu ser. Aunque trato de entender la distancia de tu alcance, mi mente simplemente no lo puede comprender.

Te adoro, eterno Dios, en espíritu y en verdad. Te ofrezco mi vida, mi confianza y mi lealtad. Aunque en esta vida hay una gran multitud de principios y finales, en ti eso no es válido y es algo por lo que estoy agradecida. Revélame tu gloria en una forma nueva. Quiero ver, aunque sea por un segundo, aquello que no he visto antes.

Nadie puede compararse con el Señor de toda la tierra. Declaro que en su amor eterno he encontrado mi hogar. No necesito buscar mi lugar afuera de ti. El único que fue, que es y quien ha de venir, es el mismo que me creó y me llama suya.

Confiesa y sé limpia

Si confesamos nuestros pecados,
él es fiel y justo para perdonar nuestros pecados,
y limpiarnos de toda maldad.

1 Juan 1:9 RVR1960

Mi fiel Dios, gracias por la misericordia de tu corazón que me ofreces sin condición. Cuando me acerco a ti y me despojo de mi corazón para entregarlo ante ti, no me condenas ni me increpas. En tu presencia no hay sermones, solo hay amor, aceptación, misericordioso y verdadero. Cubren las manchas de mis remordimientos con los ropajes de tu justicia y me limpias.

Gracias por limpiarme y liberarme de la vergüenza que amenazaba con ahogar la vida que había en mí. Eres mucho mejor que cualquiera a quien haya conocido en mi vida. Tus motivos son puros y tu poder es ilimitado.

A medida que confieso mis faltas, mis errores y mis transgresiones contra el amor al Señor, Él elimina las barreras que existen entre Él y yo. Su amor es un río rugiente que limpia todos los residuos de mis remordimientos y trae nueva vida y oportunidad. ¡Qué maravilloso es ser libre!

FEBRERO
¡Busquen al SEÑOR
y su fuerza;
anhelen siempre
su rostro!
1 CRÓNICAS 16:11 NVI

Esperanza valiente

«Ya te lo he ordenado: ¡Sé fuerte y valiente! ¡No tengas miedo ni te desanimes! Porque el Señor tu Dios te acompañará dondequiera que vayas».

Josué 1:9 NVI

Dios, conoces lo débil que soy y lo susceptible que soy con la preocupación. Sin importar cuál sea mi temor, tú nunca cambias. Eres tan confiable en el presente como cuando dividiste el Mar Rojo para que los israelitas escaparan del ejército enemigo. Hoy sigues siendo tan constante como lo fuiste en el pasado. Tienes la capacidad de obrar milagros poderosos.

No temeré. Incluso si llego a temer, no dejaré que me impida seguirte. Seguiré caminando contigo porque sé que eres un buen Dios y un líder fiel. Creo que seguirás moviéndote en milagros poderosos de misericordia mientras siga caminando con valor en el camino que has preparado.

Declaro que donde el miedo me ha mantenido el silencio, el valor hace que se escuche mi voz. No dejaré que el temor de lo que piensan, hagan o digan los demás me detenga de caminar en la plenitud de los caminos de Dios. Me ha liberado y siempre me facilitará un camino. Sigo adelante con esperanza.

Protegida por el amor

Vida y misericordia me has concedido,
y tu cuidado ha guardado mi espíritu.

Job 10:12 LBLA

Padre, tu amor protege mi alma y me da vida desde el interior. Me has dado todo lo que necesito para vivir, todo aquello que tiene tu origen en ti. Hasta mi respirar más profundo es gracias al aliento de vida que pusiste en mi ser. Me creaste en el vientre de mi madre y aquí estoy hoy, como tu amada hija.

Gracias por tu cuidado tierno que permite mi desarrollo, que me instruye en mi debilidad y que me llena con valor para vivir sin vergüenza en tu misericordia. Te debo mi vida misma. Todo lo que soy y todo lo que tengo, es por ti. ¡Soy tuya!

Declaro que estoy cubierta por el interminable amor de Dios, cada día de mi vida. Nunca estoy sin la ayuda de Dios, quien es la fuente de todo lo que me rodea. Todo lo que soy le pertenece y seguirá cuidando de mí.

Una salida

Las tentaciones que enfrentan en su vida no son distintas de las que otros atraviesan. Y Dios es fiel; no permitirá que la tentación sea mayor de lo que puedan soportar. Cuando sean tentados, él les mostrará una salida, para que puedan resistir.

1 Corintios 10:13 NTV

Dios poderoso, gracias por no dejarme bajo mi propia prudencia cuando avanzo con determinación a la tierra salvaje de la vida sin esperarte. Eres mucho más grande que mis temores y nunca me dejarás sola para pelear las batallas. Gracias por ser una ayuda segura y firme, un lugar de sabiduría y descanso.

Cuando llamo, tú contestas. Cuando enfrento las tentaciones que parecían ser demasiado grandes para superarlas, me diste el poder de tu Espíritu para que eligiera tu camino y no el mío. Muéstrame la salida para que pueda resistir. Levántame en tu amor.

Declaro que ninguna tentación es mi amo. La tentación ofrece quitarme el poder sobre mis decisiones. Ahora tengo la oportunidad nueva de elegir cada vez que enfrento una decisión. Me guía tu amor y el amor no me llevará a la destrucción. Confío en la sabiduría de mi Dios más de lo que confío en las inclinaciones de mi corazón.

Perfeccionada por Cristo

Porque por medio de una sola ofrenda hizo perfectos para siempre a los que han sido consagrados a Dios.

Hebreos 10:14 DHH

Jesucristo, eres el camino, la vida y la verdad. Vengo a ti y busco a través de ti al Padre para saber quién es. Él es bueno, misericordioso y lleno de luz radiante. En ti, me siento total y completamente en casa. Aquí me siento rodeada por tu paz en plenitud, por tu gozo brillante y tu esperanza sin condiciones.

No tengo que ser perfecta y eso es algo que jamás dejaré de agradecerte. Abunda tanto la gracia que no puedo salir de ella. Te doy todas mis esperanzas, mis sueños y mis anhelos. Tú, Señor Jesús, eres mi perfección; eres mi esperanza y mi hogar.

Soy perfeccionada por el sacrificio de Jesús. No podría agregar ni restar nada a lo que Él hizo por mí en la cruz. Ya no soy esclava del pecado, ni de la vergüenza, ni del temor. Soy libre para vivir en amor en medio de toda mi humanidad imperfecta.

ÉL ME VE

Pero tú ves la maldad y la aflicción, las tomas en cuenta y te harás cargo de ellas. Las víctimas se encomiendan a ti; tú eres la ayuda de los huérfanos.

SALMOS 10:14 NVI

Santo Dios, las desilusiones de la vida a veces se sienten como una carga demasiado pesada. Cuando el sentimiento de pérdida abruma mi vida, apenas puedo ponerme en pie. Cuando la enfermedad amenaza la vida de los que amo, me acerco de rodillas en clamor de aflicción. Eres el Dios de los afligidos, eres el Señor de aquellos que son víctimas. Eres el ayudador de los despojados y nos tomas de la mano... nos consuelas.

Consuélame, Dios, en tiempos de gran dolor. Sujétame a ti cuando sienta que mi vida se cae a pedazos. Te conozco como el Dios de mi gran gozo y quiero conocerte como el Dios de mi gran consolación y respaldo.

Declaro que sin importar cuán sola me sienta en la vida, existe alguien que me ve. Es aquel que sabe las profundidades del dolor del trauma, aquel que me llama su hija. Él es mi consuelo, mi fortaleza y mi liberación. Mi Dios nunca me abandonará, sin importar quién más pudiera alejarse de mí.

AFERRADA

Mantengámonos firmes, sin dudar,
en la esperanza de la fe que profesamos,
porque Dios cumplirá la promesa que nos ha hecho.

HEBREOS 10:23 DHH

Dios glorioso, me aferro a la esperanza que despertaste dentro de mi corazón esa primera vez que te conocí. Recuerdo el asombro que sentí en la misteriosa paz con la que llenaste mi alma. Recuerdo cuando no podía pronunciar una sola palabra de la inmensa gratitud que sentía en mi espíritu. No olvidaré cómo mi futuro parecía ensancharse a un sinfín de posibilidades de tu bondad con el conocimiento de que me estarías guiando.

Así que, me sigo aferrando. No abandonaré la esperanza que plantaste, que creció y maduró en tu presencia. Confío en que seguirás siendo fiel a tu palabra y que cumplirás con todo lo que has prometido.

Declaro que estoy firmemente enraizada y establecida en el amor de Dios. No me arrancarán del reino de mi Dios, quien me llamó su hija y que me liberó. Con el Señor como mi ayuda y mi compañero eterno, me aferro a la esperanza de un futuro brillante y un presente hermoso.

ALEGRÍA

La esperanza de los justos es su alegría;
la esperanza de los impíos se esfuma.

PROVERBIOS 10:28 RVC

Admirable Dios, sé que cuando permito que mis esperanzas echen raíz en ti, no me llegaré a sentir decepcionada. Sigues obrando tu fidelidad en el mundo y mi vida no es la excepción. Confío en que en tu gracia seguirás obrando muchísimo más de lo que yo pudiera llegarme a imaginar.

Debo alejar mis expectativas de todo lo temporal y cambiante para redirigir mi enfoque nuevamente a ti. Nunca cambias ni titubeas; tu carácter es insondable y perfecto. ¡Amo lo maravilloso que eres! Fijo mis ojos en ti, mi Señor, el autor y perfeccionador de mi fe.

Declaro que mi esperanza está en Jesús y no en lo que ganaré ni lograré en este mundo. Los elogios y la fama no valen nada par a mí. Vivo en integridad, bondad y misericordia, que son los valores que me dirigen. Experimentaré la alegría del reino de Dios en plenitud y mientras llega ese día, veré destellos de gloria de esa alegría.

Cada detalle cuenta

Y hasta los cabellos de vuestra cabeza están todos contados. Así que no temáis.

Mateo 10:30-31 LBLA

Padre, gracias por no solo cuidar de las cosas más visibles en mi vida, sino que también cuidas de los detalles. Cuidas de las aves del campo, los peces del océano y las criaturas de la tierra. No te olvidas ni siquiera de los anhelos más pequeños. Lo que yo veo como algo insignificante, para ti es valioso.

Espero nunca subestimar el poder ni la amplitud de tu misericordia, pues cubre a cada criatura y de cada detalle. Confío en ti de que te encargarás de todas las pequeñas cosas en mi vida, así como de las más grandes. Dame ojos para ver cada pequeña área de mi día a día en la que estás obrando.

Declaro que la preocupación es un desgaste de mi energía, pues Dios se encarga de todo aquello que no puedo controlar. Ahora dejo de enfocarme en la energía de ansiedad y me enfoco en las áreas en las que puedo seguir avanzado de manera práctica. Suelto la necesidad de saber cómo funcionará cada detalle. Confío en que todo tomará su lugar en la misericordia de Dios.

Reconocimiento

«A cualquiera que me confiese delante de los demás yo también lo confesaré delante de mi Padre que está en el cielo».

Mateo 10:32 NVI

Jesús, te entrego mi vida. La plenitud de lo que busco está en ti. Me has guiado al Padre con tus brazos de amor que has abierto hacia mí y con el poder de tu misericordia. Te encargas de mis debilidades y me haces fuerte. Te ofrezco mi corazón y lo inundas con la paz que sobrepasa todo entendimiento. Me has purificado por el poder de tu amor y me mantengo limpia ante ti.

¿Cómo no he de cantar alabanzas? No hay nadie mejor que tú y nunca habrá nadie mejor. Te adoro con mi vida.

La sangre del cordero me ha limpiado para que pueda presentarme confiada ante el trono del Padre. Jesús es mi perfección y no se trata de mis objetivos perfeccionistas. Cuando me humillo ante Él, Él me levanta. No me avergüenzo del poder de la cruz ni del testimonio de la sobreabundante misericordia de Jesús. Soy libre de vivir en su amor y no me ocultaré.

UN JUEGO SIN COMPETENCIA

Ahora comprendo que en realidad para Dios no hay favoritismos, sino que en toda nación él ve con agrado a los que le temen y actúan con justicia.

HECHOS 10:34-35 NVI

Señor, estoy agradecida de que no tengas favoritismos. Amas a cada uno de nosotros de una forma total y completa. En tu amor, no hay competencia y no tengo que luchar por conseguir tu atención. Siempre que te busque, tendré tu atención.

En humildad traigo mi corazón ante ti hoy y pido que me guíe tu sabiduría en todas mis decisiones. Te amo más de lo que puedo expresar. Tengo tanta gratitud por la inmensa bondad que das a mi vida. Ámame para volver a vivir en la pureza de tu presencia. Anhelo más de lo que he experimentado y quiero caminar en la integridad de los valores de tu reino.

Dios me ama porque soy su hija. Declaro que mi identidad está enraizada y establecida en su misericordia interminable. Nadie puede alejarme de lo que Dios ya me ha dado. Caminaré en la luz de sus caminos con la verdad y el amor que protegen mi corazón.

Recuerda

Por lo tanto, no desechen la firme confianza que tienen en el Señor. ¡Tengan presente la gran recompensa que les traerá!

Hebreos 10:35 NTV

Dios fiel, no quiero alejarme de ti, ni siquiera cuando sea muy difícil entender tus propósitos. Mantenme cerca de ti en amor leal; amplía mi entendimiento haciendo un cambio de perspectiva para ver tu punto de vista eterno. Quiero ver lo que ves y conocer lo que conoces.

Seguiré sumergiéndome en ti con mis preguntas, buscándote a pesar de mis errores. Creo que eres bueno y que tu bondad sigue llegando. Eres mi recompensa más grande. Conocerte es mi propósito más importante. Quédate conmigo siempre que yo te busque.

Cuando recuerde las promesas del Señor, me llenaré de confianza y esperanza en su fidelidad. No me ha abandonado y nunca cambiará. En lugar de cambiar junto con los vientos del mundo, arreglo mis velas para navegar a ritmo del viento de su Espíritu. No olvidaré los beneficios de confiar en Él.

Sigo perseverando

Ustedes necesitan perseverar para que,
después de haber cumplido la voluntad de Dios,
reciban lo que él ha prometido.

Hebreos 10:36 NVI

Dios inmutable, llena hoy mi corazón con tu fortaleza. Soy débil y mis intentos de seguirte tienden a cambiar por las distracciones. Tú eres mi brújula. Eres mi faro. No dejaré de confiar en tu guía a lo largo del camino de tu amor. Te seguiré. Cuando deambule, confiaré en que tu guía me traerá de regreso a tu misericordia.

No quiero olvidar nada de todo lo que haces. No quiero perderme ni una palabra de lo que dices. Eres mi esperanza y me aferro a ti. No dejaré de regresar a ti una y otra vez. Desde ese punto, descubro que ya estás cerca y que sigues trabajando.

Mientras sigo sumergiéndome en la paz presente de Dios, sigo llenándome con la valentía necesaria para dar cada paso. Su gracia y fortaleza se vuelven mías. No me rendiré.

Creo con el corazón dispuesto

Si declaras abiertamente que Jesús es el Señor y crees en tu corazón que Dios lo levantó de los muertos, serás salvo. Pues es por creer en tu corazón que eres hecho justo a los ojos de Dios y es por declarar abiertamente tu fe que eres salvo.

Romanos 10:9-10 NTV

Señor Jesús, creo que eres el Hijo de Dios. Creo que revelaste el camino al Padre y que Él espera con brazos abiertos a todo aquel que viene a ti para darle la bienvenida. Eres mi salvador y confío en ti.

Aunque el mundo pudiera estar lleno de maneras para encontrar aceptación, mi mejor y más profundo sentido de pertenencia es cuando estoy en tu presencia. Nunca he conocido un amor como el tuyo. En tu misericordia no escondes segundas intenciones. Me transformas a la luz de tu presencia y me doy cuenta de que soy libre de ser yo misma. Ahora sí sé cómo se siente estar en casa y es cuando estoy contigo.

No me avergüenzo del evangelio de Cristo. Es mi libertad, mi gozo y mi esperanza. Declaro que al vivir con un corazón dispuesto ante Dios y los demás, la luz de Jesús brillará por medio de mi vida.

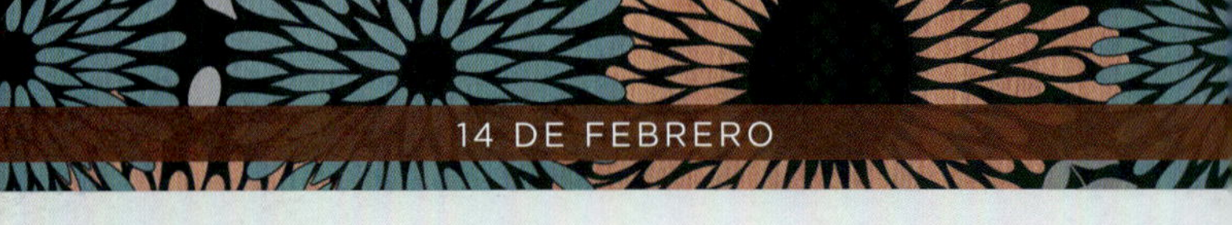

TODAS LAS GENERACIONES

Porque el SEÑOR es bueno, su gran amor perdura para siempre y su fidelidad permanece por todas las generaciones.

SALMOS 100:5 NVI

Señor, ¡cuán maravilloso es tu amor interminable! ¡Cuán grande es tu bondad hacia mí! Reconozco tu fidelidad por generaciones, la cual busco este día. De época en época, no has cambiado en lo más mínimo. Eres el mismo Dios misericordioso que siempre has sido.

Abre mi entendimiento para ver en dónde estás obrando milagros poderosos de misericordia en el mundo y en mi vida. Te ofreceré mi gratitud cada vez que reconozca uno de esos milagros. Aquello que has hecho en otros, seguramente lo harás en mí. Tu carácter es constante en este mundo que sufre de cambios en su sistema de valores. Quiero vivir de acuerdo con tu voluntad y en tus caminos. Eres digno de mi adoración.

El Señor es bueno y su amor dura para siempre. Es bueno con toda su creación y ahí estoy incluida. Su amor es interminable y también me incluye. Su fidelidad es la misma de generación en generación, y sí... también me incluye a mí.

Dios responde

Tendrás en cuenta la oración de los pobres,
y no dejarás de escuchar sus ruegos.

Salmos 102:17 RVC

Padre fiel, gracias porque no solo escuchas mis oraciones, sino que también las contestas. Mientras espero en ti, sé que renovarás mi fortaleza en tu presencia. Sé el sanador que mi corazón y cuerpo necesitan con tanta desesperación. Sé el que levanta mi cabeza y me da el valor que necesito para enfrentar lo desconocido que viene a mi vida.

Te necesito más de lo que puedo necesitar cualquier otra cosa. Eres el aire que respiro, la luz de mis ojos y el alimento que me sustenta. No dejaré de orar y ni de pedir ni de buscarte. Inclínate a mí, mi Señor y mírame en medio de mis pruebas y problemas del momento. Levántame cuando ya no me quede fuerza para levantarme por mí misma. ¡Respóndeme, Señor!

Aunque esté necesitada, Dios, mi Padre, es abundante para darme todo lo que necesito. No me abandona, sino que atiende mis necesidades. Si las aves y las flores del campo no tienen motivos para preocuparse, tampoco lo tendré yo porque Dios se hará cargo de mí.

Mira hacia arriba

Porque como están de altos los cielos sobre la tierra, así es de grande su misericordia para los que le temen.

Salmos 103:11 NBLA

Maravilloso Dios, cuando veo los montes y veo los rayos que danzan sobre sus cimas, me siento más conectada con el presente. Cuando veo la luz del sol que se filtra a través de las nubes, mi corazón se hincha de emoción. Aunque no puedo ni siquiera describir la belleza de la naturaleza que se desencadena adentro de mí, sé que me siento más conectada contigo por medio de todo ello.

Pienso en ti en las noches llenas de estrellas y pienso que en la misma magnitud en la que se elevan los cielos por las galaxias, así de inmenso es tu amor. ¡Es inmensurable, amplio e increíble! Gracias.

El amor del Señor es tan alto que llega a los cielos y su misericordia es tan grande como la distancia entre puntos cardinales. No hay forma de enfrascar, reducir o abreviar su amplitud. Este amor está en constante movimiento hacia mí.

Amor paternal

Como un padre se compadece de sus hijos,
así se compadece el Señor de los que le temen.

Salmos 103:13 NBLA

Padre compasivo, estoy agradecida porque no te mantienes distante ni eres un líder poderoso que gobierna con mano de acero. Al contrario, eres un padre amoroso que cuida de su familia. Gracias por hacerme parte de tu familia y darme tu nombre. Nunca me falta misericordia porque nunca estoy sin ti.

Cuando me acerco a ti con todo lo que hay en mi corazón, me llenas de compasión. Instrúyeme, aconséjame y habla verdad sobre mi corazón. Quiero conocerte más porque cuando es así, puedo reflejar tu semejanza en mi vida. Que los principios de tu reino se conviertan en mis principios de vida. ¡Te amo!

Dios es un Padre amoroso, un amigo fiel y un juez misericordioso. Muestra compasión a quienes lo honran. Cada vez que Dios me ve, me da nueva vida con la plenitud de su Espíritu. Mostraré el mismo amor y compasión a quienes me rodean.

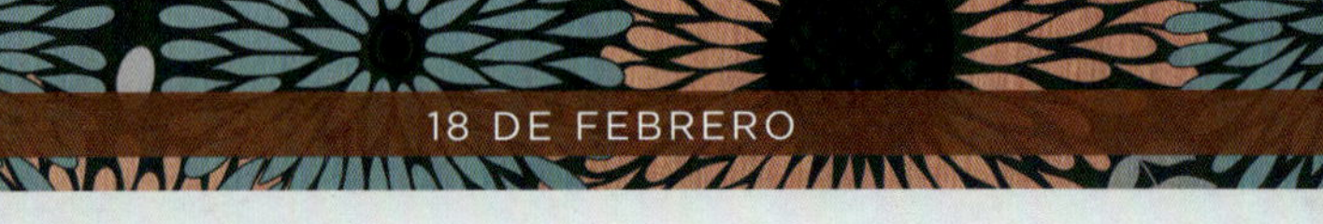

Dios maravilloso

Alaba, alma mía, al Señor y no olvides ninguno de sus beneficios. Él perdona todos tus pecados y sana todas tus dolencias.

Salmos 103:2-3 NVI

Señor, no olvidaré cuán maravilloso eres. Hoy pienso en las maravillas de quién eres y cómo tu poder ha transformado mi vida y la de otras personas. Ni una sola de mis confesiones te ha hecho alejarte de mí o rechazarme.

Gracias por perdonar mis decisiones egoístas, por hacer buenas aquellas cosas malas que cometí y por darme la valentía para caminar en la luz de tus caminos. Eres mi sanador, mi restaurador y mi redentor. Te alabo por todo lo que has hecho y por quién eres.

Me ha perdonado, redimido y liberado para vivir a la luz del amor de Dios. Hoy, vivo con gratitud en mi boca y con el propósito de conocerlo más. No olvidaré ninguno de sus beneficios. Buscaré su bondad aquí y ahora.

Coronada de vida

Me redime de la muerte y me corona de amor y tiernas misericordias. Colma mi vida de cosas buenas; ¡mi juventud se renueva como la del águila!

Salmos 103:4-5 NTV

Redentor, eres lo mejor que ha pasado en mi vida. Renuevas mi vida y la refrescas en tu presencia. Me das fuerza en mi debilidad. Me redimes de la maldición de la muerte y me coronas con tu amor y tierna bondad.

A pesar de que me has mostrado tanta misericordia, todavía no has dado por concluido seguir derramando de tu amor. Revitalizas mi corazón cuando mi fe titubea. Tu bondad en el presente me recuerda que tu fidelidad nunca disminuirá. Eres bueno y tu amor permanece para siempre y por siempre.

He sido redimida por el amor de Cristo. Soy nueva criatura en Él y mi pasado ha dejado de definir mi futura. Él es mi esperanza viva, mi santo propósito y mi mayor recompensa. A medida que avanzo en mi día, su amor me acompaña. ¡Gracias, Señor!

AMOR SOBREABUNDANTE

El SEÑOR es compasivo y misericordioso,
lento para la ira y grande en amor.

SALMOS 103:8 NVI

Dios de gracia, nunca he conocido a alguien tan paciente y bondadoso. Eres lento para la ira y abundante en amor leal. Nunca retienes tu misericordia sobre aquellos que te buscan. No eres difícil de encontrar, sino al contrario, descubrirte y complacerte es muy sencillo.

Te entrego mi atención hoy. Quiero conocer la amplitud de tu amor. Con todos mis sentidos quiero estar consciente de cuán profundo, cuán grande, cuán alta e inmensa es tu misericordia. Revélame la gloria de tu presencia. ¡Te necesito! Eres mi sustento, mi fuente y mi fortaleza. Me alimentas y mi vida aumenta bajo tu cuidado.

No tengo razón de ocultarme de mi creador. Dios prepara abundante gracia, compasión ilimitada y misericordia interminable para cuando se encuentre conmigo. Me conoce de principio a fin, por lo que me acercaré a Él con brazos abiertos y con un corazón sin restricción.

LIBERTADOR

Los sacó de las tinieblas y de la sombra de muerte,
y rompió sus prisiones.

SALMOS 107:14 RVR1960

Jesús, eres el guerrero que me libera. Eres quien abre las puertas de la prisión y rompe las cadenas de nuestros para darnos libertad. La vergüenza ya no puede someternos cuando tu amor nos libera del temor.

Quiero caminar en la luz de tu presencia todos los días de mi vida. Quiero estar tan cerca de ti que pueda oír tus susurros tan claramente como escucho la risa de los que amo. No hay nadie como tú, eres mi libertador y mi gozo. No me hundiré en las sombras mientras espere que pases, pues incluso en el valle más oscuro, ahí estarás conmigo. Sé que me guiarás para escapar de las garras de mis pruebas. ¡Eres bueno!

Declaro que no importa qué haya tratado de mantenerme estancada en esta vida, ya no tiene poder sobre mi destino. Soy libre en el amor de Cristo, libre para vivir, para moverme, para ser yo. Soy libre de correr en los campos de su bondad, soy libre al fin.

Satisfacción del alma

Porque Él ha saciado el alma sedienta,
y ha llenado de bienes el alma hambrienta.

Salmos 107:9 NBLA

Señor, satisfaces los anhelos más profundos de mi alma y creo que seguirás haciéndolo. Donde estén esos anhelos, satisfácelos con la pureza de tu presencia. En los momentos en que esté esperando, anímame con tus promesas. Lléname con la confianza de tu amor y aliméntame con la bondad de quién eres.

Eres fiel y seguirás siendo fiel. Creo que veré tu bondad en mi vida más y más, a medida que vaya aprendiendo a cultivar en mí la gratitud de lo que tengo en este momento. Estás conmigo y eres más que suficiente para todo lo que enfrento.

Mi alma encuentra su satisfacción solo en Dios. Aunque tenga sueños que se hacen realidad y otros que simplemente desaparecen, la presencia de Dios está inundada de gozo, paz y amor que perduran por siempre. Cultivaré un corazón de gratitud por lo que ya tengo y por Cristo, quien está para mí y en mí.

Confianza silenciosa

Mi corazón está confiado en ti, oh Dios;
¡con razón puedo cantar tus alabanzas
con toda el alma!

Salmos 108:1 NTV

Oh, Dios, despierta mi alma en la luz de tu bondad. A medida que amanece y crece la esperanza de un nuevo día, ¿te levantarás sobre mí y limpiarás las telarañas de duda? Eres mi confianza. No hay nada más grande a lo que pueda aferrarme en esta vida que a ti para conocerte y caminar en una relación estrecha contigo.

Ya has venido a rescatarme antes y sé que lo volverás a hacer. Cantaré alabanzas apasionadas como lo hice en el pasado, pero incluso en mi tiempo de espera, cantaré de tu bondad porque eres digno y bueno.

Mi confianza está en el Señor y en su naturaleza inmutable. Su fidelidad nunca falla. No cambiará, sino que mantendrá su amor leal. Incluso cuando siento dudas, su fidelidad brilla como cuando el sol atraviesa las blancas nubes. Declaro que mi corazón confiará en él silenciosamente.

Seguridad y confianza

Ahora bien, la fe es tener confianza en lo que esperamos, es tener certeza de lo que no vemos.

Hebreos 11:1 nvi

Mi fiel Dios, gracias por tu fidelidad que no depende de mi fe. Sin embargo, honras la fe de aquellos que te buscan. Confío en que todas mis esperanzas están enraizadas en tu naturaleza inconmutable y, por lo tanto, verán su cumplimiento. No olvidarás ninguna promesa que hayas hecho, ni ninguna palabra que hayas dicho. No eres frívolo, ni falto de confianza. Al contrario, eres más fiel que la persona más leal que haya caminado en esta tierra.

Eres mejor que lo mejor de nosotros. Creo que sigues obrando con misericordia en mi vida y en el mundo. ¡Eres maravilloso!

Dios no es hombre para que mienta. No es variable para cambiar de opinión. La seguridad y confianza es nuestra respuesta de fe para un Dios que trasciende el tiempo y el espacio, que nos alcanza con gran amor, sin importar dónde estemos, nunca falla.

PEDIR SIN DUDAR

Por tanto, les digo: Todo lo que pidan en oración, crean que lo recibirán, y se les concederá.

MARCOS 11:24 RVC

Buen Dios, hoy vengo a exponer mi corazón ante ti como un libro abierto. Traigo todas mis preguntas, anhelos y esperanzas. Te pido por aquello que he guardado sin compartir con nadie por temor a sonar egoísta o sin sentido. Estoy agradecida de saber que tu amor por mí no conoce límites. Sin menospreciar lo que valoro, tu sabiduría trasciende mi propio entendimiento.

Te entrego mi vida, Dios. Al orar abiertamente y con confianza hoy, elijo creer que honrarás mis oraciones porque eres un buen Padre. Quiero conocerte, Señor. Instrúyeme en tu sabiduría, más aún cuando suplique por aquellas peticiones que están en mi corazón.

Puedo acercarme al rey de reyes con confianza porque soy su amada hija. Puedo pedir sin balbucear o vacilar porque Él me conoce y se deleita en mí. No tengo razón para esconderme ni para cuestionar su amor. Confío en esto: aquel a quien oro es incomparablemente bueno, justo y fiel.

EL CAMINO

«Yo soy la resurrección y la vida.
El que cree en mí vivirá, aunque muera;
y todo el que vive y cree en mí no morirá jamás».

JUAN 11:25-26 NVI

Señor Jesús, en ti he encontrado la verdadera libertad. El poder de tu resurrección es el poder que me libera y es el que me ha ungido para llevarte a tu reino. Aunque apenas he vislumbrado porciones de tu bondad gloriosa en esta vida, sé que la plenitud está por llegar.

Tu vida en la mía ha ampliado mi capacidad de vivir el presente y llenarme de paz, gozo, amor, esperanza y compasión en formas en las que nunca hubiera podido anticipar. Con seguridad mi cuerpo algún día podrá llegarme a fallar, pero tú nunca fallarás. Eres mi esperanza viva y la esperanza que nunca muere.

Tengo vida en la vida resucitada de Jesús. Declaro que no existe en absoluto temor de la muerte, dolor, enfermedad o la pérdida que alguna vez pueda separarme del amor sublime de Cristo. Estoy viva en plenitud en Él y así será siempre.

Descanso verdadero

Vengan a mí todos ustedes, los agotados de tanto trabajar, que yo los haré descansar.

Mateo 11:28 NVI

Buen pastor, en tu presencia encuentro descanso siempre que lo necesito. ¡Hoy lo necesito! Refréscate con tu agua viva de amor y ayúdame con las cargas que me han doblegado. Ya no soporto la carga de las preocupaciones y la ansiedad que lentamente han ido socavando mi fuerza.

Transfórmame con tu paz y restaura mi alma. Me uno a ti y sé que puedes hacer levantar estas pesadas cargas. Ministra mi corazón y calma mi mente mientras repose en ti. Respiro en tu amor y en tu paz. Espíritu, muévete de nuevo en mí.

Declaro que mi fortaleza no se encuentra en el peso de mis propias cargas, sino en esa unidad en Cristo. Descansaré en su presencia y me inclinaré en la confianza de su fidelidad. Aquí encuentro la verdad y una paz duradera.

El gran maestro

Lleven mi yugo sobre ustedes, y aprendan de mí, que soy manso y humilde de corazón, y hallarán descanso para su alma.

Mateo 11:29 NVI

Jesús, eres el más humilde y gentil sobre cualquiera y, aun así, eres el más poderoso de todos. Eres la expresión viva del Padre y no existe nada que no puedas hacer. Elegiste humillarte como siervo de todos. Sanaste al enfermo, te sentaste con los marginados, cenaste con aquellos que eran rechazados por la élite religiosa. No te alejaste de ninguno que haya acudido a ti. Sigues siendo igual hoy. Recibes cálidamente a quienes abren su corazón y hogar a ti.

Quiero aprender de ti, Jesús. Quiero caminar en tus sendas. Hazme más gentil y humilde a medida que te conozca más. Que los procesos de reposo sean mi alimento para el trabajo que me corresponde hacer.

Declaro que Jesús es mi gran maestro. Busco en Él sabiduría, instrucción y dirección para vivir su amor en mi vida. Encontraré reposo en Él, incluso cuando me lleve a las cimas y a los valles de esta vida.

MARZO
Y estamos seguros de que él nos oye cada vez que le pedimos algo que le agrada.
1 JUAN 5:14 NTV

MÁS DE LO QUE MIS OJOS LOGRAN VER

Por la fe entendemos que el universo fue preparado por la palabra de Dios, de modo que lo que se ve no fue hecho de cosas visibles.

HEBREOS 11:3 NBLA

Creador, aunque no fui testigo de cómo creaste el universo, sí creo que todo lo hiciste con tus manos. Así como creo que creaste el mundo y dijiste que era bueno, también creo que me creaste con un propósito. Tu amor no conoce límites e integra todo lo que puedo ver y mucho más.

Aumenta mi fe en tu fidelidad a medida que sigues moviéndote en mi vida y en la tierra. Permite que mi corazón tenga raíces en el suelo de tu misericordia, la fuente de cada nutriente que necesito para crecer y florecer. Depend de ti, Señor. Creo que haces mucho más debajo de la superficie de lo que logro ver. Creo que seguirás moviéndote en bondad, justicia y misericordia.

No necesito entender las complejidades de las sendas de Dios para conocer su corazón. Estoy firmemente enraizada y cimentada en su amor, lugar donde se nutre mi fe. Creceré mucho más confiada en su misericordia mientras viva con un corazón entregado a su reino.

Ven a Él

De hecho, sin fe es imposible agradar a Dios. Todo el que desee acercarse a Dios debe creer que él existe y que él recompensa a los que lo buscan con sinceridad.

Hebreos 11:6 NTV

Señor, me acerco ante ti con un corazón lleno de inquietudes, así como un corazón lleno de fe. Creo que no temes a mi curiosidad, sino que encontraré sabiduría en tu dirección. No requieres que te sea obediente a ciegas, pues quieres un corazón abierto y dispuesto a confiar en ti.

¡Confío en ti! Vengo ante ti con una serie de sentimientos agitados en mi alma, los cuales entrego ante ti. Gracias por la libertad de poder ser sincera contigo sobre cualquier situación. Hoy, lléname con la comodidad de tu paz y la claridad de tu sabiduría incomparable, mientras sumerjo mis pensamientos en ti. Enfoco mi pasión y mi fuerza en ti porque tú eres la fuente de todo lo que existe.

Declaro que las semillas de fe en mi corazón han sido plantadas por el mismo Dios. No necesito ignorar nada de mí, sino presentarme completamente ante Él. Dios es bueno y no se alejará de mí.

SIN APARTARSE

Dios bendice a los que no se apartan por causa de mí.

MATEO 11:6 NTV

Jesús, en este mundo existen muchas situaciones que me ponen los pelos de punta y provocan que defienda mis prejuicios. En cambio, tú, tú no te apartas. Gracias por tu misericordia con la que alcanzas a todos en la misma medida. No retienes tu amor a nadie que esté dispuesto a recibirlo. Aunque mi orgullo pudiera querer ocultar todas esas ideas falsas narrativas que he decidido creer de ti, hoy elijo humillarme ante ti.

Lava mi mente con tu claridad y sopla el aliento de tu paz en mi alma. Dame ojos para ver desde tu perspectiva perfecta. Dejo delante de ti las excusas de mi propia justicia a favor de tu compasión pura. Quiero vivir como tú viviste, Jesús, entregado al corazón del Padre. Elijo seguirte en el camino de tu amor leal.

No me avergüenzo de Jesús y no dejaré que los desafíos me impidan seguir sus sendas y su amor. Sus caminos son mejores, más puros y verdaderos que los caminos de cualquier humano. Elijo caminar en las sendas del reino de Jesús y seguir su ejemplo.

Confiable y verdadero

Todo lo que hace es justo y bueno, y todos
sus mandamientos son confiables.

Salmos 111:7 NTV

Poderoso Dios, creo que eres justo, bondadoso y bueno. Todo lo que haces tiene sus raíces en la perfección de tu carácter amoroso. No nos juzgas con dureza y en ningún momento te retractas de tu palabra. Eres un Dios verdadero y siempre lo serás.

Guíame, Espíritu, guíame a la roca que es más grande que yo. Construyo mi vida sobre el fundamento sólido de tu naturaleza. Cuando las tormentas soplen, mi fundamento no será sacudido. Cuando las guerras se desaten, la roca sólida de tu amor no se moverá en mi vida. Eres la fuente de todo lo bueno en mi vida, eres el único que decide cuándo dar y cuándo retirar. Confío en ti.

Declaro que toda la bondad en mi vida viene del Señor. No ha olvidado ni una sola de las promesas que ha hablado. Cumplirá fielmente con todo lo que ha dicho que hará y no necesito preocuparme por ello.

LUZ DE MISERICORDIA

Luz resplandece en las tinieblas para el que es recto;
Él es clemente, compasivo y justo.

SALMOS 112:4 NBLA

Jesús, a medida que paso tiempo contigo, sé que tu sabiduría tendrá un efecto seguro en mí. Quiero ser más y más como tú. Tú, que eres misericordioso, bondadoso y bueno, sin límite, recibes mi promesa de darte mi vida. Enséñame a caminar en las sendas de tu amor y gracia. Elegiré la sinceridad sobre el engaño, la compasión sobre los juicios y promoveré la paz sobre el orgullo de tener la razón.

Eres mucho mejor de lo que alguna vez podría soñar y, aun así, tu Espíritu trabaja en mí transformándome a tu imagen. Estoy tan agradecida de conocerte y de que me conozcas. Los destellos de tu luz brillan en mi vida y traen esperanza, gozo y llenura.

Soy hecha a la imagen del mismísimo amor y me parezco más a Dios a medida que contemplo la maravillosa naturaleza de Jesús. Mientras siga cultivando mi relación con Dios, mi vida será transformada por su amistad. No hay más grande propósito que conocerlo y que me conozca.

De vuelta al reposo

¡Ya puedes, alma mía, estar tranquila, porque el Señor ha sido bueno contigo!

Salmos 116:7 NVI

Amado Señor, me siento agradecida de que puedo encontrar un reposo verdadero, aquí y ahora, en tu presencia. Espíritu, rodéame con tu paz ahora que devuelvo mi atención hacia ti. Vuelvo a contar todas las formas en la que me mostraste tu bondad esta semana, este mes y este año. Recuerdo la delicadeza de tu misericordia de que ha sido tejida tan claramente en mi historia. Veo el fruto de tu amor obrando en mi vida, por lo que con gratitud te entrego mi adoración y alabanza en este día.

Lleva mi alma a un reposo verdadero mientras habito en ti. Haces más que solo calmar mi mente, amplías mi alma con tu espacioso amor. Llega al reposo de mi alma y riega, con tu agua viva, las semillas de tu reino que están dentro de mí.

Declaro que mi alma encuentra descanso solo en Dios. No hay mejor fuente de paz que el Espíritu de Dios que vive en mí. Solo existe un manantial puro de gozo y es el gozo del Señor. Es su presencia la que me refresca y me revitaliza.

GRAN BONDAD

Porque ha engrandecido sobre nosotros su misericordia, y la fidelidad de Jehová es para siempre. Aleluya.

SALMOS 117:2 RVR1960

Señor misericordioso, tu gran bondad hacia mí sigue obrando en mi vida. La forma en la que me amas con tanta ternura, sin un solo cambio en tu perfecta naturaleza, es difícil de comprender. Tu amor sigue transformándome y aumenta la pasión de mi corazón por ti.

Me impulsas a ser más compasivo con otros, a ofrecer misericordia en lugar de prejuicios y a defender la justicia en lugar de sentarme en apatía. Tu verdad se mantiene firme para siempre y sé que tú nunca cambiarás. Mi deseo es reflejar tu bondad en mi vida para que tu amor brille intensamente.

Adoraré al Señor con mis acciones, no solo con mi boca. Elijo vivir con amor como mi principio de vida. Me alineo a los valores del reino de Jesús y me humillo ante Él. Declaro que mi corazón está a sus pies y que no soy indiferente a sus palabras de sabiduría. Puedo dar compasión a otros libremente porque me ha ofrecido compasión sin condición.

Una confianza mayor

Es mejor refugiarse en el Señor
que confiar en la gente.

Salmos 118:8 NTV

Señor, a pesar de que soy propensa a buscar la seguridad del mundo que me rodea, sé que la verdadera seguridad solo la encuentro en ti. Esta vida no tiene ni una sola garantía. No quiero construir mi vida sobre cualquier cosa y al despertar darme cuenta de que el fundamento no ha soportado y que nunca fue algo seguro. Quiero estar cimentada firmemente sobre tu naturaleza.

Nunca abandonarás tus promesas y nunca dejarás de ser misericordioso. Constrúyeme desde mi interior con el poder de tu amor. Puedo confiar en ti sin decir palabra. Eres mi refugio y corro al refugio de tu presencia.

Declaro que mi lugar más seguro está en el refugio del Señor. Su presencia es mi refugio y su amor me cubre cada uno de los días de vida. No confiaré en las palabras de otros más de lo que confío en su palabra. Su verdad permanecerá firme época tras época.

Fuente de esperanza

Tú eres mi refugio y mi escudo;
tu palabra es la fuente de mi esperanza.

Salmos 119:114 NTV

Señor, eres un escudo alrededor de mí cuando los peligrosos dardos de la acusación vuelan en mi contra. Cuando las mentiras se esparcen y mi identidad se ve cuestionada sin el fundamento de la verdad, acudo a ti. Señor, acepta defender mi causa. Protégeme del calumniador y no permitas que las mentiras me destruyan.

No agregaré leña al fuego de indignación de los demás cuando están cegados por su menosprecio. No me responsabilizo por intentar convencer a quienes solo ven su enojo. Confío en ti para que reveles lo que es correcto y me resguardes en el reposo de tu perfecta paz. Confío en que me defenderás. Eres mi esperanza y dependo de ti.

No necesito defenderme contra las acusaciones de quienes no me conocen en lo absoluto. No necesito tirar golpes al aire, puedo confiar en que el Señor revelará la verdad. Confío en que Él hará lo que yo no pueda hacer y atesoraré mi energía para lo que importa.

LO MÁS CERCA POSIBLE

Pero tú estás cerca, oh Señor,
y todos tus mandatos son ciertos.

Salmos 119:151 NTV

Señor, mantente cerca. Tu palabra dice que estás cerca. Tu Espíritu es el consolador, no solo por las palabras que se han mencionado, sino porque su cercanía permite sentir el amor encarnado. Tu paz está presente, no solo se trata de una ideología. Tu gozo no es un pensamiento que deseo, sino un sentimiento real del contentamiento perdurable.

Abro mi corazón a ti y a ti también giro mi atención. Te entrego el espacio y el tiempo para que me hables palabras de vida. Le doy la bienvenida a tu presencia para que me rodee y me llene. Anhelo conocerte más, pero no solo con el intelecto, sino con todo mi ser y vida. Quiero experimentar tu cercanía con todos mis sentidos. Acércate, Señor, no te retrases.

El Espíritu del Señor está sobre mí porque le he entregado mi vida. Viene con poder, no solo con palabras sencillas. Él es la fuente de mi gozo, fortaleza, paz, comodidad, esperanza y amor. Él está cerca.

La justicia reina

La esencia misma de tus palabras es verdad;
tus justas ordenanzas permanecerán para siempre.

Salmos 119:160 NTV

Dios de justicia, no pasas por alto las malas intenciones y no tienes por inocente a quien busca destruir a otros. Eres misericordioso en todo lo que haces, además de que también eres justo en plenitud. Confío en que preservas la justicia en maneras que la humanidad nunca podría llegar a concebir.

No sentiré apatía por aquellos casos que necesitan una voz para que los represente, como tampoco fundamentaré mis esperanzas en los gobiernos de este mundo. Son y serán imperfectos, sin importar quién está al mando. Estoy tan agradecida de que tu poder es más grande que el poder de la gente de este mundo. Eres justo, lleno de verdad y eres compasivo. Eres el mejor juez y no tomaré tu lugar en el tribunal de opinión.

Declaro que la justicia de Dios es más pura que la mía. Aunque pienso que yo sé qué es lo mejor, Dios es mucho mejor que yo para eso. Confiaré en Él como Dios y me aliaré con Él para ver que la justicia venga a esta tierra en una gran abundancia.

GRAN PAZ

Los que aman tus enseñanzas
tienen mucha paz y no tropiezan.

SALMOS 119:165 NTV

Príncipe de paz, encuentro claridad en tu sabiduría, encuentro descanso en tu verdad. Tu guía va cargada de amor leal, la cual no solo me permite elegir, sino también me aconseja para tener una perspectiva más amplia. No necesito preocuparme por equivocaciones cuando el amor es mi motivación. No tengo que temer al fracaso porque tu gracia es tan grande que cubre y redime todos los errores que cometo. Hay libertad para caminar en la plenitud de tu misericordia porque me rodeas con tu fidelidad.

Nunca seré perfecta, pero no requieres que lo sea. ¡Qué liberación encontré en esta verdad! Aunque la vida traiga pruebas para evaluar mi identidad, tu amor nunca vacilará y tu paz nunca se alejará. Amo tu sabiduría y caminaré en tus sendas.

Hoy, mi porción es la paz de Dios. Tengo la plena paz de Dios como mi porción eterna. No necesito temer a lo desconocido cuando Jesús es mi guía. Su sabiduría será mi instrucción, redirección y sanidad. Confío en Él.

PRESERVADA POR SU PROMESA

Están cerca mis crueles perseguidores,
pero están lejos de tu enseñanza.

SALMOS 119:50 DHH

Dios, encuentro consuelo en tu fidelidad. Tus promesas han hablado de resguardar mi vida. Recordaré lo que has dicho y me aferraré a tu palabra en fe. Eres mejor que el padre más bondadoso; eres más dedicado que la mayoría de los cónyuges fieles y eres más tierno que cualquier madre cariñosa. Confío en que haces todo lo que sea necesario para proteger mi vida.

Incluso cuando camino en medio del valle de las sombras y de muerte, no temeré. Estás conmigo. Me sostendrás, me fortalecerás y me rejuvenecerás. Cuando mi carne flaquee, tú seguirás fiel.

Declaro que las promesas de Dios permanecen para siempre. Nadie puede convencerlo de lo contrario. Estoy segura y a salvo en la fidelidad de Dios, sin importar los problemas que tenga que atravesar o el sufrimiento que tenga que soportar. Dios sigue obrando en mí.

DEJA QUE LA SABIDURÍA SEA TU GUÍA

Las palabras sabias producen muchos beneficios,
y el arduo trabajo trae recompensas.

PROVERBIOS 12:14 NTV

Jehová, hoy busco tu presencia. Instrúyeme con tu sabiduría sin precedentes y anima mi corazón en tu fidelidad. No busco atajos ni reparaciones rápidas; lo que busco es lo perdurable. Cuando voy demasiado apresurada, baja mis revoluciones con tu consejo. Quiero aprender a disfrutar el presente, tanto como los prospectos del futuro. Ayúdame a sumergirme en el momento y a profundizar con tenacidad y perseverancia en el lugar donde me has colocado.

Sé que hay mucho trabajo por hacer en el lugar donde están mis pies y no desperdiciaré el tiempo soñando y olvidando el momento que tengo ahora. Sabiduría, fortalece mi alma con tu consejo y afirma mis resoluciones.

Declaro que este es el día que hizo el Señor, por lo que me apropiaré de él aquí y ahora. No deseo desperdiciar el regalo del presente y no quiero malgastar lo que ya tengo para cultivar. Labraré mi tierra y me entregaré ante su presencia a medida que atienda a su sabiduría.

MUCHAS PIEZAS

Si todo el cuerpo fuera ojo, ¿qué sería del oído?
Si todo fuera oído, ¿qué sería del olfato? Ahora bien,
Dios ha colocado a cada uno de los miembros
en el cuerpo según le agradó.

1 CORINTIOS 12:17-18 NBLA

Padre, en ti encuentro mi verdadera identidad. Me creaste con todas mis singularidades y tendencias, me creaste como me querías. Me diste los talentos que poseo y me he unido a tu creatividad para cultivarlos.

Gracias por los regalos que colocaste en mí con un propósito. Quiero creer fehacientemente en el regalo de mi vida. No quiero desear algo diferente a mi vida y desperdiciar el tiempo al compararme con otras personas. Dame la visión de los dones que has colocado en mí, quiero ocuparme de ellos y desarrollarlos con tu sabiduría y liderazgo. Gracias por la libertad que tengo de ser completamente yo, por tu amor liberador que está vivo en mí.

Soy la obra artesanal de Dios, fui creada a su imagen. Declaro que mi vida tiene propósito y significado y que no intentaré conformarme a las ideas de los demás. Mi verdadera identidad se encuentra en Dios y en quien soy plena y divinamente amada.

PIONERO DIVINO

Puestos los ojos en Jesús, el autor y consumador de la fe, quien por el gozo puesto delante de Él soportó la cruz, despreciando la vergüenza, y se ha sentado a la diestra del trono de Dios.

HEBREOS 12:2 NBLA

Jesús, eres el pionero del amor perfecto. No existe nadie más idóneo para hablar en nombre de Dios. Eres la expresión viva de la misericordia. Eres uno con el Padre y el Espíritu Santo y nos muestras el camino para acercarnos a nuestro hogar en Él. No priorizaste la vergüenza, la humillación ni el dolor que pudieras enfrentar sobre nosotros, a pesar de que conocías el increíble poder de la resurrección de la misericordia de Dios.

Quiero seguirte en el camino de tu amor. Estás vivo y estás con el Padre. Reconozco los desafíos de elegir tus caminos y te sigo.

Declaro que mi vida pertenece a Jesús. Quiero reflejar el mismo amor del Padre que Jesucristo reveló a quienes lo podrían escuchar y ver. Tengo ojos para ver y oídos para oír lo que dice.

NADIE MÁS

Miren, Dios ha venido a salvarme. Confiaré en él y no tendré temor. El SEÑOR Dios es mi fuerza y mi canción; él me ha dado la victoria.

ISAÍAS 12:2 NTV

Salvador, eres mi Dios y mi rescatador. Confiaré en ti más que lo que confío en mí. Dependeré de ti más de lo que dependo de los que me rodean. No temeré porque estás conmigo. Incluso ahora, cuando leo estas palabras, sé que estás presente.

No has olvidado lo que me has dicho y no abandonarás tu palabra. Eres mi fuerza y mi canción. Eres mi salvación y mi única esperanza. Tu amor viviente me despierta del adormecimiento de mi ansiedad, aclaras la niebla de mi confusión. Eres la luz de mi vida, vuelve a brillar en mí.

Soy redimida y restaurada en la abrumante misericordia de Dios. Él es mi esperanza, mi salvación y la fuente de mi vida. Es todo lo que necesito y no temeré lo que depare el mañana. Ahora mismo, Dios está conmigo. Ahora mismo, tengo todo lo que necesito.

NUNCA ME ABANDONA

El SEÑOR no abandonará a su pueblo, porque eso traería deshonra a su gran nombre. Pues le agradó al SEÑOR hacerlos su pueblo.

1 SAMUEL 12:22 NTV

Señor, tu fidelidad obra de acuerdo con tu carácter. Su amor infalible no titubea ni retrocede. Tienes una gran pasión por tu pueblo y es algo que nunca cambiará.

Transformas mi corazón a medida que medito en tu suprema bondad. La promesa de tu cercanía, tu apoyo constante y tu misericordia inagotable es más de lo que puedo comprender. Gracias por no abandonarme nunca. No dejas a tu pueblo y no te alejas de aquellos que te buscan. ¡Gracias!

Soy parte de la familia de Dios y nunca abandonará a sus hijos. Estoy firmemente cimentada en su reino porque Él es mi punto de entrada y mi salvación eterna. No temeré a pesar de lo que venga hoy, porque Dios está conmigo. Dios nunca se apartará de mi lado.

REINO INAMOVIBLE

Puesto que nosotros estamos recibiendo un reino inconmovible, seamos agradecidos. Inspirados por esta gratitud, adoremos a Dios como a él le agrada, con temor reverente.

HEBREOS 12:28 NVI

Dios, te adoro. Me sorprende cuán congruente eres cuando muestra tu bondad y tu misericordia. No existe una sola cadena que no puedas romper, un dilema que no puedas debatir, ni una herida que no puedas sanar. Eres mucho mejor de lo que yo podría llegar a explicar.

Gracias por la esperanza infinita que tengo en tu reino perfecto, con la seguridad de que vendrá en plenitud. El fundamento de tu justicia es inamovible. La piedra angular de tu misericordia jamás será sacudida.

Tengo tanta gratitud por la promesa indudable del reino de Dios. Vendrá un día cuando todo dolor, toda pérdida y toda injusticia cambie a justicia. El Señor es bueno, su amor perdura para siempre y me cubre en la abundancia de su misericordia, incluso cuando espero la plenitud de su liderazgo.

Gozo profundo

¡Con alegría ustedes beberán abundantemente de la fuente de la salvación!

Isaías 12:3 NTV

Salvador, bebo de la fuente de continua ayuda con gran gozo. Con reverencia te veo en este día. Eres mi esperanza santa, mi gracia de salvación y la fuente de todo lo que anhelo en esta vida. Tus promesas son verdaderas y nunca dejas de obrar tu fidelidad en este mundo.

Puedo llegar a defraudarme o defraudar a otros, pero tú nunca lo haces. No eres como nosotros, no cambias de opinión con el paso de las tendencias. Eres el camino, la verdad y la vida. En ti hay plenitud de deleite y gozo. Siento una felicidad profunda en tu amor liberador, mucho más de lo que podría imaginarme. Gracias por llamarme tuya, estoy tan agradecida de serlo.

Mi gozo está en la presencia del Señor y, por lo tanto, ¡tengo un gozo profundo en mí hoy! Sin importar lo que enfrente, el gozo del Señor es mi fuerza.

Sin preocupación

Porque todas estas cosas son las que preocupan a la gente del mundo, pero ustedes tienen un Padre que ya sabe que las necesitan.

Lucas 12:30 DHH

Padre, sabes lo rápido que me preocupo por el futuro cuando mis ideales se alteran o algo inesperado se desliza entre las fisuras de mi vida. Sé que nada te sorprende. Aunque existan miles de interrupciones y muchas distracciones cambien mi punto de enfoque, tú ves todo con una claridad perfecta.

Dependo en tu sabiduría celestial para guiarme en mis decisiones y para calmar mi ansioso corazón cuando pierdo el control. Confío en que seguirás guiándome en tu bondad y nunca me dejarás a lo largo del camino. Conoces mis necesidades y confío en que cuidas de mí.

Soy una hija del Dios viviente y Él se encarga de mí. Cuando los problemas surgen y pierdo el enfoque, Dios es inamovible. Dios ve desde el principio hasta el final, sin perderse nada entre estos dos puntos. Dios se encarga de lo que yo nunca hubiera podido anticipar, por eso confiaré en Él más que en mí y en los demás.

El mismo Dios

Dios trabaja de maneras diferentes, pero es el mismo Dios quien hace la obra en todos nosotros.

1 Corintios 12:6 NTV

Amado Señor, estoy muy agradecida de saber que eres un Dios creativo. No creaste al ser humano como si fueran copias el uno del otro. Toda la tierra cuenta la historia de tu creatividad. Las montañas y las planicies son tan diferentes que pueden hablar de la obra de tus manos. Los animales de las junglas y las criaturas del mar son tu creación.

Este mundo rebosa de climas, culturas y tradiciones, pero no cabes en ninguna de ellas porque abarcas todo. Traes luz a las tinieblas y asombro que sorprende a todos. Mi entendimiento se amplía cuando pienso en tu imaginación e invención infinita.

Aunque Dios se mueve en formas diferentes, su carácter es el mismo a través de los tiempos. El fruto del Espíritu es congruente en todo lo que hace. No encajonaré a Dios en mis propias obras, ni lo subestimaré para que quepa en mi entendimiento.

Gracia generosa

Pero él me dijo: «Te basta con mi gracia, pues mi poder se perfecciona en la debilidad». Por lo tanto, gustosamente presumiré más bien de mis debilidades, para que permanezca sobre mí el poder de Cristo.

2 Corintios 12:9 NVI

Dios lleno de gracia, en mi debilidad, derrama el poder de esa maravillosa gracia en mí. El infinito recurso de tu misericordia es el combustible que me sostiene. Dependo de ti cuando ya no tengo nada más a qué aferrarme.

Cuando todo camina bien en la vida, es fácil pensar que ha ganado mi porción de paz. Sin embargo, sé que tu paz perfecta siempre está presente, aunque esté pasando por dolor. Todo lo que tengo viene de ti y todo lo que necesito lo encuentro en ti. Hoy te veo, sin importar cuán fuerte o débil me sienta. Muévete en mi vida con poder.

Sin importar qué tan bien o mal avanza mi día, la gracia abundante de Dios sigue siendo mi fuente de fortaleza. Con su poder obrando en mí, experimentaré vida en su resurrección.

AMOR Y PAZ

Estén alegres. Crezcan hasta alcanzar la madurez. Anímense unos a otros. Vivan en paz y armonía. Entonces el Dios de amor y paz estará con ustedes.

2 CORINTIOS 13:11 NTV

Príncipe de paz, estoy sumamente agradecida de que tu amor busque mi crecimiento y no que quede paralizado. Cuando mis raíces están plantadas en tu misericordia leal, encuentro gozo en lo profundo de mí, el lugar donde vive tu Espíritu. Veo que voy creciendo en sabiduría y en madurez cuando te veo y permanezco en los caminos de tu reino. Me doy cuenta de que el ánimo provoca inspiración, algo que no le quitaré a nadie.

A medida que promuevo la paz y busco vivir en armonía, elijo el camino de amor en lugar de buscar mi propia comodidad. Tus caminos son amplios y constantemente me saca de mi pequeña vida para llevarme a una más grande que habita en tu reino, donde tu amor, misericordia y verdad no tienen fin.

Me siento plena del amor leal de Dios que nutre, fortalece y amplía mi alma. Mi capacidad de misericordia crece cuando pongo en práctica el animar a otros y verlos desde los ojos de la compasión, en lugar de verlos con ojos ofensivos. Soy amada totalmente y doy desde este lugar donde rebosa ese amor.

Lo que permanece

Tres cosas durarán para siempre: la fe, la esperanza y el amor; y la mayor de las tres es el amor.

1 Corintios 13:13 NTV

Dios fiel, amplía mi entendimiento según la extensión de tu amor, la singularidad de tu esperanza y el poder de la fe. Nunca dejas de entretejer misericordia en la tela de nuestra vida. No te alejas de aquellos que te buscan.

Permite que viva llena de fe, que rebose en esperanza y que me sumerja completamente en amor todos los días de mi vida. Si estos tres pilares son los que permanecen, quiero que sean los principios que me guíen. Permite que mi vida, elecciones y relaciones reflejen estos valores de tu reino y que brille la luz de tu poderosa misericordia, la cual nunca cesa.

La fe, la esperanza y el amor nunca desaparecerán ni perderán su poder. Hoy, al buscar al Señor, seré llena de una sobreabundancia de estos tres principios del reino. Estoy llena de fe, esperanza y amor.

IMPRESIONABLE

Quien se junta con sabios, sabio se vuelve;
quien se junta con necios, acaba mal.

PROVERBIOS 13:20 RVC

Espíritu Santo, eres al único a quien acudo en busca de sabiduría. En tu verdad se desvanece mi confusión. El caos de la ansiedad halla descanso en tu paz. Las preocupaciones sobre la incertidumbre del futuro se calman con la fortaleza firme de tu fidelidad.

Permite que comparta con personas sabias que caminan en las sendas de tu amor puro. Permite que conozca a personas que, en lugar de lanzar golpes, ofrecen descanso a quienes sufren. Los necios solo se preocupan por ellos mismos y lo que desean y yo no quiero vivir en esa vida minimizada y apática. Sabiduría, llévame de la mano a casa para que encuentre el pozo de mi propia intuición. Sé que nunca me desviarás.

Pasaré tiempo con aquellos que me animan a vivir de una forma menos egoísta y más compasiva. Encontraré personas que me desafíen a dar lo mejor de mí. Elegiré sabiamente mis compañías y mi comunidad, acción que será una muestra de sabiduría.

Justicia recompensada

Al pecador lo persigue el mal
y al justo lo recompensa el bien.

Proverbios 13:21 NVI

Señor, alineo mi vida a los caminos de tu reino, no a los caminos donde se promueve este mundo. No me esconderé en las sombras ni viviré según lo que otros me digan que es bueno. Viviré de acuerdo con lo que tú digas que necesito. Caminaré hacia adelante, en fe, siempre permaneciendo en amor, compasión y bondad. No dejaré que la carga de complacer a los demás me aleje de vivir en la plenitud de mi libertad en ti.

He sido liberada por tu amor y viviré como un reflejo de tu maravillosa misericordia. No quiero permanecer estancada en ciclos de vergüenza y dolor; quiero vivir en la amplitud de tu paz. Eres mi gran recompensa y permaneceré detrás de ti en tus sendas.

Cristo es mi justicia, por lo que no tengo que depender de los méritos de mis buenas acciones. Él es perfecto y me ha purificado con su presencia. No guarda nada en contra de mí, por lo que yo tampoco seguiré atándome a normas imposibles o perfeccionistas. Su misericordia me hace libre de nuevo.

CONTENTAMIENTO INMEDIATO

No amen el dinero; estén contentos con lo que tienen, pues Dios ha dicho: «Nunca te fallaré. Jamás te abandonaré».

HEBREOS 13:5 NTV

Padre Dios, aunque tengo planes para mi futuro, solo tú sabes cuáles son. Confío en tus caminos más que en mis propias ideas de éxito. Aunque estoy agradecida de tener los recursos, no los pondré por encima de ti. Aunque soy una criatura a la que le guste la comodidad, no dejaré que se convierta en mi motivación en la vida.

No quiero mantener ni construir mi vida llena de cosas insignificantes. Quiero tener una vida mucho más completa de lo que yo puedo crear sola. Quiero vivir con la motivación del amor y con un corazón grande y generoso. Estoy agradecida por lo que tengo aquí y ahora. Ayúdame a sentir ese contentamiento y a buscar tus caminos para celebrar los dones que has puesto en mi vida. Sé que nunca fallarás. Nunca me abandonarás.

Declaro que tengo todo lo que necesito en este momento. No necesito correr hacia el futuro porque puedo descansar en la abundancia que tengo ahora. Cada día tendrá su propio afán y Dios no me fallará. Mi sol encuentra paz en su verdad.

El mismo por siempre

Jesucristo es el mismo ayer,
y hoy, y por los siglos.

Hebreos 13:8 RVR1960

Jesús, cuando veo tu ministerio y aquello a lo que diste tu tiempo, atención y energía, no puedo hacer más que quedar asombrada. Estás tan lleno de misericordia y bondad fiel en este tiempo como lo estuviste en tu vida terrenal. No le diste la espalda al necesitado, ni ignoraste al vulnerable. Sigues siendo un sanador, un ayudado y el ejemplo puro del amor viviente de Dios Padre.

Gracias por la libertad que encuentro en tu amor. Gracias por haber derribado todos esos muros de mi corazón con tu misericordia. Eres mucho mejor que los gobernantes de este mundo, por lo que te entrego mi lealtad absoluta.

Jesucristo es el mismo Dios lleno de gracia, humilde, amoroso, desafiante, esperanzador y sanador que siempre ha sido. Hoy me cubro de su misericordia y quedo llena de su compasión. Esta es mi declaración diaria y verdadera.

Sigues obrando

El Señor llevará a cabo los planes que tiene para mi vida, pues tu fiel amor, oh Señor, permanece para siempre. No me abandones, porque tú me creaste.

Salmos 138:8 NTV

Oh Señor, gracias por tu amor fiel que me sostiene. Confío en que estás obrando tus planes en mi vida. Me rindo a seguir luchando y a preocuparme por aquello que no puedo controlar; en lugar de ello, descanso en tu fidelidad. No me aflijo por lo desconocido cuando sé que eres el director de la sinfónica de mi historia.

Teniéndote como aliado en mis decisiones diarias, confío en que tú harás lo que yo no pueda. Eres mi creador y descanso en la confianza de tu amor. No te sorprendes por nada de lo que hago y sé que incluso cuando cometo errores, tu misericordia convierte mis desastres en jardines de tu fidelidad. Nunca cambiarás y eso me trae gran paz.

Declaro que haré lo que sepa hacer y dejaré el resto en las manos de Dios. No me preocuparé por el futuro, pues Dios me acompaña en cada giro y parte del camino.

Mucho más grande

Les digo la verdad, todo el que crea en mí hará las mismas obras que yo he hecho y aún mayores, porque voy a estar con el Padre.

Juan 14:12 NTV

Señor Jesús, me has mostrado cómo ser como tú. Me has enseñado cómo es el Padre y me has expuesto lo que debería alinear en mi vida. Tu llamado a ser compasivos y tu valor de misericordia es totalmente distinto al de cualquier otro líder que haya conocido. Eres perfecto en amor y no aceptas ningún tipo de apatía o acto de odio en el nombre de Dios. Revelas que Dios es un Padre paciente y generoso que no se apresura a juzgar, sino que está dispuesto a restaurar cuando acudimos a Él.

Creo que tus caminos son mejores que las tendencias de la humanidad. Creo que a medida que alinee mi vida con la tuya y que busque las formas para vivir tu amor en este mundo, el fruto de tu Espíritu obrará poderosamente en mi vida. Anhelo conocerte más, reflejarte más y vivir como un faro brillante de tu bondad.

Por ser una seguidora de Jesús, todo lo que hizo en su ministerio me ha sido dado por medio de su Espíritu. Mientras camine en amor y en fe, Él obrará en mí por amor a su gloria.

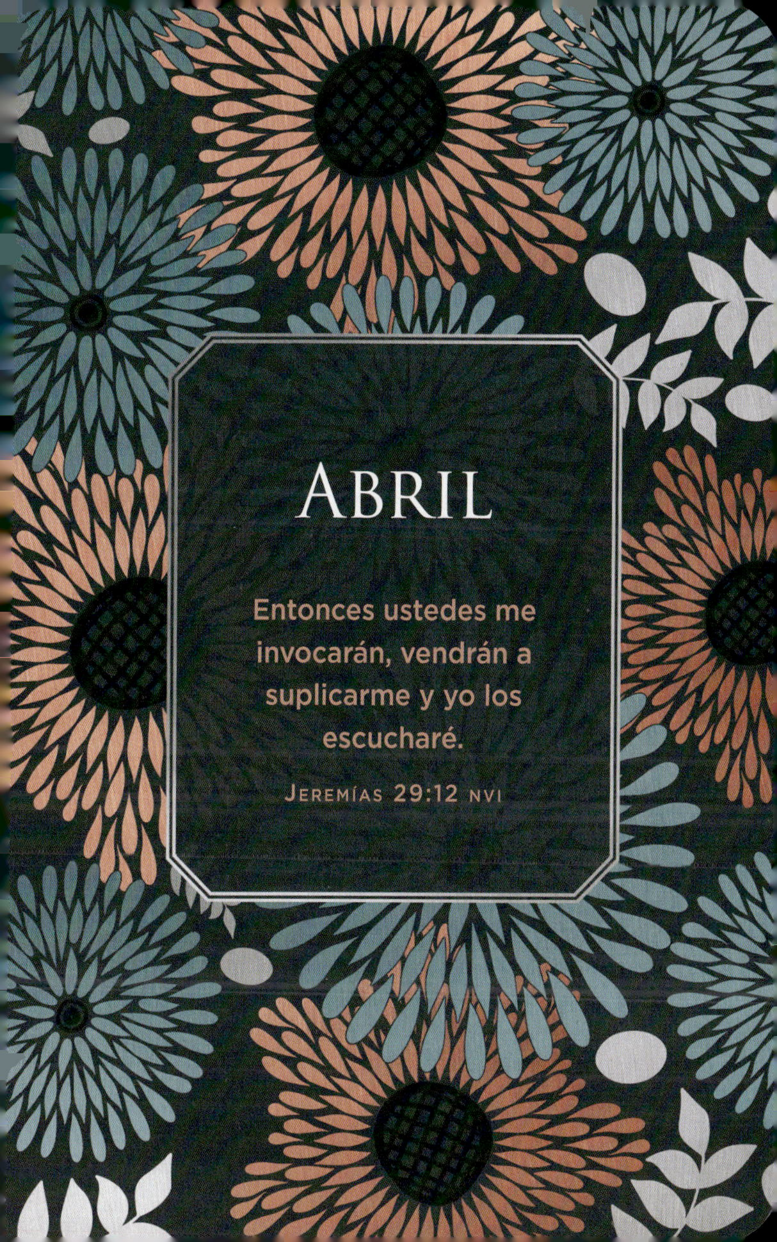
ABRIL
Entonces ustedes me invocarán, vendrán a suplicarme y yo los escucharé.
JEREMÍAS 29:12 NVI

Por la gloria

Y todo lo que pidan al Padre en mi nombre, lo haré, para que el Padre sea glorificado en el Hijo.

Juan 14:13 RVC

Glorioso Dios, eres tan generoso en amor y tan paciente en misericordia. En tu nombre me he acercado a hacer mis peticiones y no me detendré ahora. Cada mañana es una nueva oportunidad para vivir niveles más profundos de tu amor. Cada momento es una fresca oportunidad de buscarte.

Dejo ante ti mi corazón, abierto y libre ante ti, sé que me llenas con gozo y alegría. Brilla la luz de tu compasión en mi corazón y levanta las pesadas cargas que traigo ante ti. Que seas glorificado en mi vida mientras camine en tu libertad.

Declaro que no retendré una sola petición del Señor. Cada vez que lo busco me llena con su aceptación amorosa. Me revitalizo en el deleite de su corazón, que a su vez mueve el mío en adoración cuando escucho sus palabras de vida y verdad sobre mí. Todo sucede para su gloria y para mi bien.

PERMANECER EN QUIETUD

Ustedes quédense quietos,
que el SEÑOR presentará batalla por ustedes.

ÉXODO 14:14 NVI

Señor, confío en que tú peleas las batallas que yo no puedo. No quiero apresarme a mi propia defensa ante las acusaciones vacías y cimentadas en mentiras. Confío en que vengas a mi defensa; dependo de tu poder para dejar todo claro. Conoces mi corazón mejor que cualquier otra persona. No importa lo que otros digan, no pueden convencerte de situaciones mentirosas.

Elijo mantenerme en tu presencia, descansar en la fidelidad de tu misericordia. A medida que me inclino a ti, acércame a tu corazón que emana paz y me envuelve con protección. Haz solo lo que puedas hacer y mantenme en perfecta paz como solo tú lo puedes hacer. Confío en ti, Señor.

No necesito defenderme contra las acusaciones de quienes no me conocen. Confío en que el Señor será quien pelee por mí y descansaré en la paz que me sustenta en su presencia.

Padre de huérfanos

No los abandonaré como a huérfanos;
vendré a ustedes.

Juan 14:18 NTV

Padre fiel, eres mucho mejor que cualquier persona a la que conozca. Aunque he podido conocer un amor bueno, el tuyo es mucho más puro sobre todos. Nunca entiendes equivocadamente mis intenciones y no malinterpretas mi corazón. Eres más paciente conmigo de lo que pudiera imaginarse ser con otros. Nunca cambias, no me abandonas y tu promesa de estar conmigo es inquebrantable.

Tu Espíritu es mi compañía y mi ayuda constante. Has venido y permanecerás. Tengo más agradecimiento contigo de lo que podría llegar a expresar.

Dios es un Padre fiel para los huérfanos y para los ignorados. Nunca abandona a los marginados. Nunca me hace a un lado. Se reúne conmigo, me llama suya y promete que nunca me dejará ni me abandonará. ¡Qué gran amigo, qué gran Padre, qué gran salvador!

HAY LUGAR SUFICIENTE

En el hogar de mi Padre, hay lugar más que suficiente. Si no fuera así, ¿acaso les habría dicho que voy a prepararles un lugar?

JUAN 14:2 NTV

Rey eterno, en un mundo con limitaciones en cada espacio al que vemos, me siento agradecida de que tu reino siempre esté en expansión. Tu amor no solo es ilimitado, sino que es un amor constante que se mueve en una medida creciente. Aunque mi mente no puede comprenderlo, mi corazón se estremece. Me conmueven las buenas nuevas de tu salvación, tu cálida bienvenida y tu corazón conmigo.

Que mi propio amor se expanda al ver las posibilidades de bondad, redención y esperanza alrededor de mí. Tu amor no puede contenerse a las medidas hechas por el hombre. No existen límites que tu amor no pueda cruzar.

Existe un lugar preparado para mí en el reino de mi Dios y es el lugar que me corresponde. ¡Hay lugar suficiente para todos! No tengo que luchar por tener un lugar en su mesa y no necesito expulsar a nadie para pertenecer ahí. El amor se expande y nos incluye a todos. Hoy, abriré mi corazón a la bondad misericordiosa de Dios.

Maestro celestial

Pero el Consolador, el Espíritu Santo, a quien el Padre enviará en mi nombre, les enseñará todas las cosas y les hará recordar todo lo que he dicho.

Juan 14:26 NVI

Espíritu Santo, eres mi maestro y mi confidente. Gracias por la presencia que compartes conmigo. Gracias por las revelaciones que me das de la misericordia generosa del Padre. Gracias por habitar conmigo en Espíritu y en verdad. Te adoro como adoro al Padre y al Hijo.

Enséñame los caminos del reino y te seguiré. Revélame la poderosa sabiduría de la verdad y caminaré en tus caminos. Gracias por tu paciencia, bondad y generosidad. Gracias por tu consuelo, claridad y confianza. Dependo en ti más de lo que dependo en cualquier otra persona. Confío en tu sabiduría y revelación; sé que siempre traen el fruto celestial.

Tengo un maestro celestial dispuesto a estar conmigo mediante la armonía del Espíritu. No hay problema tan complicado, ni confusión tan borrosa ni resistencia tan grande que la revelación del Espíritu no pueda aclarar. Hoy me inclino ante esa voz sabia.

Refugio seguro

El temor del Señor es un baluarte seguro
que sirve de refugio a los hijos.

Proverbios 14:26 NTV

Señor, te honro como mi padre, mi líder y mi consejero sabio. No hay nadie más que pueda pronunciar tales palabras de vida. No hay nadie más que sea tan fielmente verdadero, amoroso y poderoso como eres tú. Eres el refugio al que acudo cuando los problemas de este mundo se vuelven muy pesados para llevar. Eres la seguridad que busco cuando el mundo va en descontrol. Encuentro paz y descanso en tu presencia, incluso cuando las batallas de la vida se intensifican.

No hay nada que tu misericordia no pueda hacer. No existen distancias tan amplias en las que tu amor no logre cubrir a tus hijos. Soy tuya, Señor, y tú eres mi lugar seguro.

Elijo honrar al Señor con mi vida y adorarlo en espíritu y en verdad. Él es mi lugar seguro, mi refugio y mi paz. Mantiene mi corazón en reposo y toma el peso de mis preocupaciones. Dios es fiel y verdadero en todo aspecto y confío en Él.

PAZ SIN RESTRICCIONES

La paz les dejo; mi paz les doy. Yo no se la doy
a ustedes como la da el mundo.
No se angustien ni se acobarden.

JUAN 14:27 NVI

Príncipe de paz, estoy tan agradecida que no te entregas bajo condiciones. Te das libre, completa e ilimitadamente. Ofreces la plenitud de tu misericordia sin condicionales ni intenciones ocultas. Eres puro en paz, sobreabundante en el cuidado compasivo e increíblemente abundante en dulzura. La autoridad de tu amor no podrá frustrarse. Nada puede derrotar el poder de la vida en tu resurrección porque ya fue derrotado en la tumba.

Mientras mi corazón descanse en tu presencia, el valor se irá acrecentando en la confianza de tu fidelidad. Encuentro reposo en ti. No dejaré que mi corazón se desvíe por el temor que me impulsa a tomar decisiones apresuradas que no están fundamentadas en tu amor. Confío en ti.

Hoy, tengo la paz abundante de Cristo como mi porción. Ha ofrecido la plenitud de su paz a todos los que lo buscan, por lo que tomaré para mí su palabra. Él no se mueve en promesas vacías, sino en la abundancia de la generosidad del Padre.

Fuente de vida

El temor del Señor es fuente de vida
y libera de los lazos de la muerte.

Proverbios 14:27 NVI

Amado Señor, sé que a medida que entregue mi vida ante tu guía, me estarás dirigiendo en una verdad que refresque mi alma y me mantenga alejada de los lazos de la insensatez. Sé que eres mucho más sabio que yo, por lo que entrego mis decisiones a ti.

Tu misericordia es como un río amplio que me va llevando en cada momento de mi vida. Confío en tu dirección más que en mis propias preferencias. El fruto de tu Espíritu me asegura tu dirección y sé que eres Dios fiel a tu palabra. Guíame en medio de los valles de oscuridad y sobre las montañas escarpadas. Hoy confío en ti y confiaré en ti para siempre.

Declaro que junto con el Señor están las palabras de vida y las aguas refrescantes de su misericordia. Elijo seguirlo hoy y escuchar su sabiduría, que es la que me guía. Me entrego al Señor y a su dirección.

Regresará

Cuando todo esté listo, volveré para llevarlos, para que siempre estén conmigo donde yo estoy.

Juan 14:3 NTV

Jesús, gracias por prometernos que regresarás. Estoy a la espera del día en que regreses por tus amados. Mientras tanto, sigue obrando en mí por medio de tu Espíritu. Que tu reino venga y se haga tu voluntad en la tierra como en el cielo. Dame todo lo que necesito hoy, las necesidades que ayudarán a mi cuerpo, mente y espíritu.

Perdóname por las veces que he ignorado tu sabiduría. Anhelo ser más como tú. Ayúdame a acercarme a otros en misericordia y compasión, así como lo haces conmigo. Eres digno y por eso te doy mi tiempo, atención y entrega.

No estoy sola, estoy cubierta, plena y rodeada por el Espíritu de Cristo. Estoy cubierta con el Espíritu como sello de la promesa de Dios y la esperanza de su regreso habita en mi corazón. Someteré mi vida entera a su amor todos los días, mientras espero por su regreso.

Dios de paz

Pues Dios no es un Dios de confusión,
sino de paz.

1 Corintios 14:33 RVC

Dios de paz, encuéntrame aquí. Llena mi mente con la claridad de tu sabiduría. Inunda mi corazón con la paz de tu presencia. Mantenme cerca de tu amor y no me dejes ir. Cuando esté acelerada en un temor de ansiedad, da un aliento de calma a mi ser. Quiero que la paz sea mi camino y moverme en el descanso espacioso de tu perspectiva.

Respiro en la consciencia de tu cercanía ahora, cierro mis ojos y sincronizándome a todo lo que está presente en este momento. Hay suficiente paz, suficiente gozo, suficiente amor, suficiente paciencia, suficiente bondad y suficiente gracia. Pongo mi atención en ti, una y otra vez, hasta que mi corazón quede en un descanso perfecto de tu fidelidad.

Cambio mis preocupaciones por la paz del Señor. Le entrego mi ansiedad y recibo su reposo confiado. Mi confianza es que el Señor es y hace lo que pueda necesitar. Tengo todo lo que necesito aquí y ahora. Así será en este momento y en todos los que vengan posteriormente.

LA PUERTA

«Yo soy el camino, la verdad y la vida;
nadie puede ir al Padre si no es por medio de mí».

JUAN 14:6 NTV

Jesucristo, vengo hoy a ti sin duda alguna. Traigo ante ti todo lo que alguna vez me tuvo atada. Quiero abrir mi corazón como tú abres el tuyo conmigo. No traigo nada oculto y no retengo nada, pues sé que me llenarás con la plenitud de tu misericordia.

Recuerdo cuando dijiste que el Padre es misericordioso, de hecho, lo mostraste en la parábola del hijo pródigo. A través de ti, Jesús, me acerco a los brazos abiertos de mi Padre celestial. Te sigo porque eres el camino, la verdad y la verdad. Eres mi visión, mi faro y mi puerta abierta. ¡Aquí estoy, Señor!

No hay esperanza más sólida que la esperanza de Cristo que vive en mí. Él es el camino al Padre, al amor interminable de su reino y al hogar al que anhelo llegar. Deseo conocerlo más este día.

Lleno de bondad

El Señor es justo en todo lo que hace; está lleno de bondad. El Señor está cerca de todos los que lo invocan, sí, de todos lo que lo invocan de verdad.

Salmos 145:17-18 NTV

Señor justo, una y otra vez me sigue asombrando tu bondad. Gracias estar cerca de todos los que te invocamos. Te he buscado antes y no dejaré de hacerlo. Eres mi esperanza santa, mi confidente más íntimo y el único en quien puedo confiar más que en cualquier persona.

Cuando no hay nadie más a quien acudir, ahí estás tú. Cuando mis amigos y mi familia no pueden apoyarme, tú nunca me dejas. Estás más cerca que cualquiera y no dejaré de celebrar la bondad de tu corazón misericordioso hacia mí. Hazme más consciente de tu presencia a medida que me acerque hoy a ti. Eres mi todo.

El Señor está lleno de bondad y justicia en todo lo que hace. Nunca me abandonará en mi tiempo de necesidad y jamás me dejará ni siquiera en tiempos de paz. Es Dios a quien llamo en mis problemas y en mis triunfos. Dependo de Él.

Compasión sobreabundante

El Señor es misericordioso y compasivo,
lento para la ira y grande en amor. El Señor es bueno
con todos; él tiene misericordia de todas sus obras.

Salmos 145:8-9 NVI

Dios compasivo, eres mejor que los hombres y mujeres más honorables que caminan sobre la tierra. Tu carácter es impecable y tu sabiduría es inmune ante la amargura o apatía de este mundo. Tienes tanto amor fiel y una paciencia interminable hacia nosotros, al punto que nunca se agotan tus recursos de compasión. ¡Qué maravilla que seas tan paciente con nosotros! No nos tratas como lo mereceríamos, sino que nos llenas de misericordia.

Gracias por dejarnos ver un poco de tu naturaleza al acercarnos con tanta bondad a tu corazón. Incluso su corrección va enlazada con amor. Que me vuelva más y más como tú al buscarte en espíritu y en verdad.

El Señor es bueno en todo tiempo. No elige ni clasifica a los que desea mostrar su misericordia. Su compasión es infinita. Me llenaré con su amor y podré expresar compasión y misericordia desde la sobreabundancia de su amor que vive en mí.

RESTAURADOR

El SEÑOR abre los ojos a los ciegos, el SEÑOR levanta a los caídos, el SEÑOR ama a los justos.

SALMOS 146:8 NBLA

Redentor, quitas la carga de la deshonra de aquellos que te buscan. Levanta hoy la mía. Ilumina todas las sombras de vergüenza con la luz radiante de tu amor. Quiero caminar en la libertad de tu misericordia. Para mí es mucho más importante saber lo que tú dices de quién soy, que lo piense alguien más. En tu presencia no hay condenación y no hay desesperanza en tu corazón hacia mí. ¡Qué verdad tan liberadora!

Me desprendo de todo el equipaje que he estado llevando desde hace tiempo. Levanto mi rostro con tus palabras de vida y verdad. Háblame, Señor, y yo viviré en ti.

Amo y honro al Señor. No seguiré peleando conmigo misma por algo que Él ya perdonó y olvidó en mí. Le entrego toda mi vergüenza y pensamientos derrotistas que deambulan en mi cabeza. Me entregaré a Él por completo y Él me restaurará en igual medida en su amor.

DELEITE

El SEÑOR se complace en los que le temen,
en los que confían en su gran amor.

SALMOS 147:11 NVI

Victorioso Señor, te confío todo lo que hay en mi vida. Pareciera que las batallas surgen de todos lados, pero a ti nada te sorprende. Escuchas los rugidos de cada plan y preparas provisiones con tu gran misericordia.

Pongo mi esperanza en tu amor infalible y así seguiré haciéndolo. Eres el que me dirige a través de las oscuras noches del alma y quien me mantiene a salvo en las tormentas en donde los vientos soplan y las olas crecen. Eres el que me creó y me mantendrás en su perfecta paz, incluso cuando no logre ver la salida. Hoy me sujeto de ti, eres mi esperanza viva. Mantenme segura en tu amor de misericordia.

El Señor se deleita en mi confianza. Se deleita en mi esperanza. Se deleita en quién soy. Se deleita en mí. ¿Cómo puedo hacer para deleitarlo a Él? Dios es mi gozo verdadero, mi paz sobreabundante y mi esperanza firme. Me deleito en Él.

Dádivas generosas

Den con generosidad y háganlo de buena gana; así el Señor tu Dios bendecirá todos tus trabajos y todo lo que emprendas.

Deuteronomio 15:10 nvi

Rey de reyes, eres generoso en todo lo que haces. Quiero reflejar tu generosidad en la forma en la que vivo. Cuando me maneje con avaricia, dame una perspectiva más amplia de tu abundancia. Cuando acumule los recursos solo para mí, lléname de tu compasión para que pueda dar lo que pueda.

Te doy la autoridad sobre mi tiempo, mi capacidad emocional y mis pertenencias para que pueda seguir tus instrucciones y compartir mis regalos en formas significativas. Sé que das tu amor sin restricción y por ello quiero reflejarte en mis relaciones y acciones. Practicaré el dar con un corazón alegre, buscando maneras de bendecir a otros. Quiero ejercitar esta práctica y ser más como tú.

El Señor es generoso conmigo, por lo que seré generoso con otros. No me apresuraré a protegerme cuando vea una necesidad que puedo cubrir. Tendré un corazón dadivoso y libre para ofrecer lo que pueda. Sé que Dios honra esos corazones.

Elegida

Ustedes no me eligieron a mí, yo los elegí a ustedes. Les encargué que vayan y produzcan frutos duraderos, así que el Padre les dará todo lo que pidan en mi nombre.

Juan 15:16 NTV

Señor, ¿cómo puedo agradecerte por haberme elegido? Levantaste la presión de mis hombros al mismo tiempo que me recordabas que me elegiste incluso antes de que yo te conociera. Gracias por tu bondad llena de misericordia que me alcanza a lo largo de toda mi vida.

No puedo alejarme de ti. Construiré mi vida sobre el fundamento de tu amor y te permitiré hacer lo necesario con el propósito de refinar mi corazón en tu misericordia. Te anhelo a ti sobre mi comodidad. Quiero conocerte y lo anhelo más que solo permanecer siendo la misma. Llena mi vida con los frutos de tu espíritu y despierta mi corazón durmiente con tu amor que da vida.

Dios mismo me eligió para ser suya. Soy su heredera y me acerco con la confianza de una hija amada hacia su amoroso Padre. No ocultaré nada ante Él, porque Él tampoco ha ocultado nada de mí.

Mi defensa

El Señor es mi fuerza y mi canción; ¡él es mi salvación! Él es mi Dios y lo alabaré; es el Dios de mi padre y lo enalteceré.

Éxodo 15:2 NVI

Mi defensor, ¡te alabo! Me creaste con detalles delicados y con gran asombro. Me has colocado cuidadosamente en el refugio de tu amorosa bondad. Eres mi salvación, eres mi esperanza en cada estación del alma.

Sé que seguirás atendiendo mi llamado. Seguirás trabajando en mí mientras respire. Sigues sembrando semillas de misericordia en el suelo de mi vida. Sigues trabajando todas las cosas para mi bien y para tu gloria. Confío en ti, Señor.

El Señor es mi defensa, es mi fortaleza. Jesús es mi salvación. Él es mi Dios y no dejaré de darle mi alabanza hoy. Lo llenaré de mi adoración y confiaré en Él con todo mi corazón y con cada parte de mi vida.

Escucha mi oración

El Señor está lejos de los impíos,
pero escucha la oración de los justos.

Proverbios 15:29 nbla

Señor, escucha mi ración mientras te la ofrezco hoy. Mi corazón anhela por un toque fresco de tu misericordia ahora mismo. Ves el final y el principio y conoces cada intención antes de que se convierta en un pensamiento consciente en mi mente. Eres tan misericordioso y sé que responderás mis lamentos cuanto clame por ti.

Señor, no permitiré que la vergüenza ni la culpa me impidan ofrecerte mi corazón completo. Incluso cuando me he equivocado a lo grande y regreso a ti, tú me recibes. Señor, soy tuya y abiertamente te entrego mis inquietudes, decepciones y esperanzas. Respóndeme cuando te busque.

El Señor escucha las plegarias de quienes lo buscan. Reconoce mi corazón humilde y responde a mis peticiones. No le ocultaré nada.

RAMAS DE LA VID

«Yo soy la vida y ustedes son las ramas. El que permanece en mí, como yo en él, dará mucho fruto; separados de mí no pueden ustedes hacer nada».

JUAN 15:5 NVI

Señor y fuente, me marchitaría si no estuviera conectada a ti. Aunque puedo tratar de construir una vida por mis propios medios, el fruto solo crece cuando estoy conectada a ti. No necesito esforzarme para ver tu obra en mi vida cuando soy una de las ramas de la vid. Guárdame de intentar tomar mi propio camino y recuérdame la bondad al depender en ti. Sé que eres la fuente de todo lo bueno.

Quiero que mi vida sea un jardín del fruto de tu reino. Pódame, respáldame y haz lo que tengas que hacer para permitirme dar fruto en mi vida.

No hay fuente más grande que el Señor. Permaneceré en Él y Él permanecerá en mí. El buen fruto de amor, gozo, paz, paciencia, amabilidad, bondad, fidelidad y dominio propio refleja su vida en mí. No dejaré de inclinarme ante Él.

LA TRANSFORMACIÓN SE ACERCA

He aquí, os digo un misterio: No todos dormiremos; pero todos seremos transformados.

1 Corintios 15:51 RVR1960

Redentor, gracias por la promesa de la transformación. Estoy tan agradecida por las formas en las que me refrescas y restauras cuando atravieso momentos de tensión por esperar. Sé que el día llega cuando cada lágrima será enjugada y cada experiencia dolorosa será solo un recuerdo.

Eres mucho mejor de lo que testifica la situación actual de este mundo. Tu misericordia es inagotable y sé que tu poder vendrá en plenitud cuando tú, Cristo, regreses finalmente. Deseo tanto vivir en esa plenitud de la venida de tu reino. Mantén mi corazón esperando mientras me ministras en la gracia de tu presencia.

Incluso aunque no puedo escapar de las pruebas de este mundo, sé que hay una promesa de la redención venidera y la restauración de todas las cosas. Pongo mi esperanza en Cristo y en ese día, más porque ahora estoy viviendo en la realidad de su presencia.

Esperanza celestial

Sucederá en un instante, en un abrir y cerrar de ojos, cuando se toque la trompeta final. Pues, cuando suene la trompeta, los que hayan muerto resucitarán para vivir por siempre. Y nosotros, los que estamos vivos, también seremos transformados.

1 Corintios 15:52 ntv

Padre celestial, aunque el dolor es un valle necesario que debemos caminar en esta vida, sé que no siempre pasa en una forma similar. Mi esperanza celestial es la transformación eterna que vendrá cuando tu reino gobierne en plenitud. Ya me has recibido en tu reino y he podido observar algunas escenas gloriosas de tu amor, poder y gozo maravilloso por medio de tu Espíritu.

Dame la tenacidad, compasión, determinación y gracia para seguirte todos los días de mi vida. Sé que cuando elijo entregarme a tu camino de amor, estoy eligiendo el camino que vale la pena.

Todo cambiará en un momento cuando Cristo regrese por su esposa. Quiero que me encuentre viviendo en amor en cada momento, cada día y cada época de mi vida. Declaro que pertenezco al Señor, Él es mío.

VICTORIA EN CRISTO

¡Pero gracias a Dios que nos da la victoria por medio de nuestro Señor Jesucristo! Por lo tanto, mis queridos hermanos, manténganse firmes e inconmovibles, progresando siempre en la obra del Señor, conscientes de que su trabajo en el Señor no es en vano.

1 CORINTIOS 15:57-58 NVI

Señor Jesús, quiero estar firme en tu victoria. Demostraste el poder de tu resurrección y vida cuando te levantaste de la tumba, tres días después de tu crucifixión. Derrotaste la tumba y el poder de la muerte no es nada en contra de tu amor.

Me mantendré firme aquí, enraizado en la bondad misericordiosa de tu corazón. Eres el único fundamento sobre el que he construido mi vida. Me mantengo firme sobre la roca sólida de tu naturaleza. Vuelvo a enfocar mi visión en ti, Jesús, el perfeccionador de mi fe. Alineo mi corazón al tuyo y dependo en tu gracia que me da poder y me ayuda a través de tu Espíritu.

Declaro que la victoria de Cristo es mía. No hay pecado ni ciclo de vergüenza; no hay dolor ni maldición que pueda mantenerse en contra del poder de su vida resucitada en mí. En lugar de ello, soy libre y viviré una vida sin complejos por su amor.

LLENA DE GOZO

Me has dado a conocer el camino de la vida; me llenarás de alegría en tu presencia y de dicha eterna a tu derecha.

SALMOS 16:11 NVI

Padre Dios, en el deleite de tu corazón, encuentro mi hogar. Cada vez que tu Espíritu se mueve en mí, siento paz, gozo y aceptación de tu gran amor. La gracia que encuentro en ti no tiene sustituto. El deleite en ti no tiene fin y tu semblante muestra absoluta bondad.

Vengo a ti hoy en libertad, presento mi corazón completo y abro ampliamente mis brazos para recibir las riquezas de tu presencia. Lléname con los tesoros que concedes libremente en tus hijos. Dame tu perspectiva de esperanza sobre las incertidumbres que han volcado mi corazón al miedo. Tus caminos son mucho mejores que los míos y confío en que cuidarás de mí.

El Señor es bueno para todo aquel que lo busca. Encontraré gran placer y deleite en su amor, mucho más que en cualquier otra cosa en este mundo. Es la fuente de cada cosa buena en mi vida. ¡Le daré mi alabanza!

El gozo vendrá de nuevo

Ahora están tristes, pero cuando vuelva a verlos se alegrarán y nadie les va a quitar esa alegría.

Juan 16:22 NVI

Consolador, a través de las noches oscuras de gran pérdida donde el dolor abruma la emoción, es difícil recordar cómo se siente la luz del día. A pesar de eso, confío en que cuando me mueva por las profundidades del dolor, veré el amanecer de otro día. El sol volverá a brillar y el gozo, el descanso y la esperanza volverán a ser mías. Incluso cuando camine a través del valle de la sombra de muerte, no temeré mal alguno porque tú estarás conmigo.

Así como oró el salmista, así lo haré yo. Confío en que caminas conmigo, me guías y me consuelas. Confío en ti.

El gozo no es algo fugaz para que se pierda en las épocas de tristeza. El gozo es más grande que la felicidad pasajera. A medida que se amplía mi capacidad para soportar el dolor, también mi capacidad para tener gozo, esperanza y amor. Abriré mi corazón al gozo incesante del Espíritu.

Fortaleza majestuosa

El esplendor y la majestad son sus heraldos;
hay poder y alegría en su morada.

1 Crónicas 16:27 NVI

Dios majestuoso, si en tu morada habitan la fuerza y el gozo, eso es lo que quiero en este día. Lléname de tu presencia poderosa y acércame a tu corazón con compasión de gracia. Necesito de ti más de lo que puedo expresar.

Cuando mi corazón está lleno de dolor, ansiedad o duda, sé que tú sigues lleno de gozo, confianza y amor. Lléname con el poder de tu misericordia y transfórmame con tu perspectiva pura. Reemplaza mi debilidad por tu fortaleza, Señor. Me inclino a ti en lugar de depender en mis propios recursos limitados. Estoy muy consciente de mi necesidad, Señor. Lléname con la plenitud de tu presencia cuando te busque, inúndame de nuevo con tu amor que da vida.

Declaro que sin importar cómo me sentí hoy al despertarme, sin importar cómo ha terminado mi día, hay plenitud de gozo y fortaleza en la presencia del Señor. Tengo acceso a esta abundancia aquí y ahora.

Somete tus planes

Pon todo lo que hagas en manos del Señor,
y tus planes tendrán éxito.

Proverbios 16:3 NTV

Señor, cuando haga planes, no olvidaré incluirte en ellos. Sé que puedo hacer planes, pero no siempre resultan de la forma que espero. Confío en que tú sabes cuál es la mejor forma y que no te molesta el cambio de los detalles. Confío en que seguirás trabajando todo para mi bien. Confío en que siempre tienes soluciones a los desafíos que no puedo prever. Sé que eres sabio, que no me dejarás a mi suerte.

Cuando planifique para el futuro, no me aferraré tanto a mis fantasías ni a mis ideales. Lo que haré es que mis metas me impulsarán, pero también dejaré que los desafíos imprevistos me ayuden a seguir perseverando. Guíame en tu verdad y en tu misericordia. Me someto por completo a ti, con el conocimiento de que eres bueno y de que nunca cambiarás esa bondad.

Mi corazón confía en que el Señor me guiará a través de todas las batallas y cada triunfo. Nunca me dejará sola. Cuando planifique para el futuro, dejaré que mi expectativa más grande siempre sea la bondad de Dios.

Una gran confianza

Les he dicho todo lo anterior para que en mí tengan paz. Aquí en el mundo tendrán muchas pruebas y tristezas; pero anímense, porque yo he vencido al mundo.

Juan 16:33 NTV

Príncipe de paz, me acerco a ti en busca de reposo para mi alma, mente y cuerpo. Cuando descanse, lléname con la fuerza que necesito para moverme con valentía en medio de las pruebas y los problemas que surjan. Tu gracia es más que suficiente para cada una de mis relaciones, responsabilidades y esperanza. Eres más que suficiente para mí.

Eres mi gran confianza en cada temporada del alma. No hay nadie más en quien pueda confiar, más que en ti. Busco ánimo en tu palabra y me someto a tu presencia para tener hoy, la esperanza que necesito. No me defraudas, Señor. Vuelvo a ti y espero la ayuda de tu Espíritu.

El Señor es mi gran confianza y no seré sacudida porque Él no cambia. Confío en Él en todo lo que venga y confío en que me protegerá. Puedo hacer aquello que es difícil con determinación y gracia, porque Él es mi valentía.

Da gracias

«Den gracias al Señor porque él es bueno;
su gran amor perdura para siempre».

1 Crónicas 16:34 nvi

Amado Señor, te doy gracias por este nuevo día. Por el aire que entra a mis pulmones, te doy gracias. También te doy gracias por los rayos del sol y la refrescante lluvia. Por todo, te doy gracias. Por cada detalle que normalmente paso por alto por mis prisas, te doy gracias. Por la capacidad para trabajar, para relacionarme y para amar un día más, también estoy agradecida. Por todo lo que fue y que será, ¡gracias!

Cuando te dé mi tiempo y atención hoy, no quiero pasar nada por alto. Eres bueno, tu amor perdura para siempre y tu poder es grande en restauración y redención. Busco en tus misericordias ocultas para mi vida como un niño busca tesoros. Sé que encontraré aquello que busco.

Declaro que existen miles de razones para dar gracias hoy. Reconozco con libertad y derramo mi gratitud al Señor, no esperaré otro momento para dar gracias. Cuando cultive gratitud, esta crecerá.

Buscador de corazones

Porque Jehová no mira lo que ira el hombre;
pues el hombre mira lo que está delante de sus ojos,
pero Jehová mira el corazón.

1 Samuel 16:7 RVR1960

Soberano Dios, tú ves más allá de las apariencias de nuestro verdadero corazón. Descanso en la confianza de que me conoces en realidad. Conoces mi corazón y me honras. Sanas mis heridas y mi quebrantamiento. Me completas con tu amor incomparable.

Mira de cerca, Señor, y revela lo que ves en mí. Habla verdad sobre mi vida. Déjame compartir tu perspectiva. Sé que tú eres palabras de vida Quiero revelarme ante ti y despertar como cuando una flor abre sus pétalos al sol. Brilla en mí y haz que las sombras huyan de mi corazón ante tu gloriosa presencia.

El Señor no necesita vestirme elegantemente, ni pretender que soy alguien que no soy. Dios ve mi corazón, conoce mis intenciones y derrama esperanza a mis sueños. Mi confianza está en conocerlo y conocer que yo soy su amada, alguien a quien conoce completamente. Lo buscaré para ser más como Él y dejaré de ver las apariencias externas para ver el valor real de una persona.

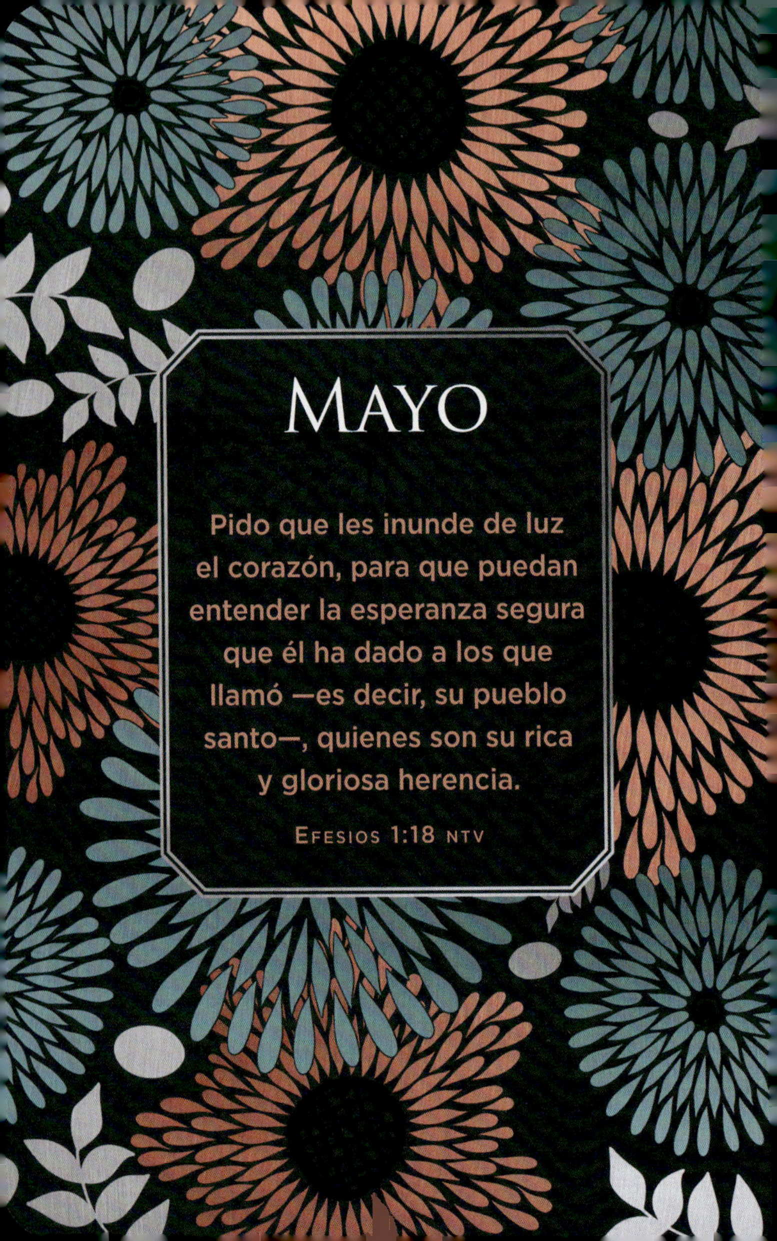
MAYO
Pido que les inunde de luz
el corazón, para que puedan
entender la esperanza segura
que él ha dado a los que
llamó —es decir, su pueblo
santo—, quienes son su rica
y gloriosa herencia.
EFESIOS 1:18 NTV

Continuamente conmigo

Al Señor he puesto continuamente delante de mí;
porque está a mi diestra, permaneceré firme.

Salmos 16:8 NBLA

Espíritu de Dios, creo que tú estás «delante de mí continuamente», así como lo dijo el salmista. Incluso ahora, al leer tus palabras, estás delante de mí como siempre lo ha estado. Estás disponible para mí como siempre lo has estado y como siempre lo estarás. Estás listo para contestarme, listo para ayudarme, listo para sanarme y listo para consolarme.

Espíritu, respira aliento de vida en mí ahora. Dame lo que anhelo en tu presencia. Tu presencia envolvente es mi valentía. Ilumina mi perspectiva y revela cuán cerca estás ahora. Te necesito, quiero más de ti. Te amo.

Mi confianza no está en lo que puedo hacer. Mi confianza verdadera está en el Espíritu de Dios que siempre está conmigo, siempre dispuesto y siempre muy cerca. Enfrentaré mi día con plena consciencia de su cercanía.

CORAZONES RENDIDOS

«Porque los ojos del SEÑOR recorren toda la tierra para fortalecer a aquellos cuyo corazón es completamente Suyo. Tú has obrado neciamente en esto, Ciertamente, desde ahora habrá guerras contra ti».

2 CRÓNICAS 16:9 NBLA

Señor, que tu corazón permanezca sometido totalmente a ti. Eres mejor que todo lo que pudiera llegar a lograr en esta vida. He conocido los dolores del corazón y las bendiciones, por lo que sé que en todo eres más grande, poderoso y mejor. Tu poder no conoce límites y tu amor es indestructible.

Hoy te busco por ayuda y esperanza. Me entrego a ti y al proceder de tu reino. Ven y dame ánimo desde adentro. Sostenme en las áreas en las que no puedo sola. No me entregaré a la imprudencia del orgullo. Me humillo ante ti. Eres mi única seguridad y mi máxima esperanza.

Mi corazón clama por el Rey de reyes y el Señor de señores. Sus caminos son los caminos que sigo. Me visto en humildad y en confianza en el Señor que me respalda, me guía y nunca me abandonará.

EXAMÍNAME

«Yo, el Señor, sondeo el corazón y me examino los pensamientos, para darle a cada uno según sus acciones y según el fruto de sus obras».

Jeremías 17:10 NVI

Jehová, sondea mi corazón y examina mi mente. Sé que tú me conoces por completo. Separas lo bueno de lo malo. Me has revestido en la misericordia de tu Hijo; en la redención está en el poder de su sangre. Mi valor no está en mis propios méritos, sino en quién dices que soy. Tu amor es más puro y tu visión más clara que la mía. En esas áreas de mi corazón en las que encuentro demasiadas culpas, tú quitas de raíz las mentiras y las reemplazas con tu verdad. Cuando dicen que soy amada no lo dices exigiéndome condiciones para ello.

Soy tuya, Señor, y no dejaré que el miedo me aleje de abrir mi corazón completamente a ti. Anhelo un toque fresco de tu misericordia en mi mente, una transformación de mis pensamientos en tu paz. Anhelo tener una revelación de tu gran bondad para refrescar mi corazón en tu naturaleza incomparable. Haz lo que tengas que hacer conmigo hoy.

El Señor me ve, me conoce y me ama completamente. ¡Aleluya!

Una fe que mueve montañas

Porque en verdad les digo que si tienen fe como un grano de mostaza, dirán a este monte: «Pásate de aquí allá», y se pasará; y nada les será imposible.

Mateo 17:20 NBLA

Poderoso Dios, anhelo moverme en el poder de tu presencia mediante la fe. Aumenta mi fe mientras sigues trabajando en mí en fidelidad, así como obras en el mundo que me rodea. Dame los ojos para ver dónde estás trabajando, para tener oídos que escuchen lo que dices y la audacia para moverme cuando me llamas a hacerlo.

No quiero sentirme menos cuando vea los montes en mi camino. Quiero caminar con confianza con la seguridad de que cuando camino, tu fe viva en mí será la que mueve cualquier obstáculo. Haz solo lo que puedas hacer; transfórmame con el poder de tu amor para caminar en una fe decidida.

Mi fe no está en mí, sino en Dios, el creador del universo. El mismo Dios que dijo «que haya luz» es el mismo Dios que honrará mis oraciones cuando me acerque en fe.

TODOS JUNTOS

Porque donde dos o tres se reúnen en mi nombre,
allí estoy yo en medio de ellos.

MATEO 18:20 NVI

Amado Dios, gracias por la promesa de tu presencia cuando nos reunimos en tu nombre. Sé que nunca me dejarás ni me abandonarás. También sé que nunca fallarás al mostrar tu poder, misericordia y gracia cuando nos reunimos, incluso cuando son grupos pequeños.

No fui creada para estar sola, ni tampoco era mi destino sufrir en soledad a través de las dificultades. Fui creada para compartir mis alegrías al convivir con otras personas. Fui creada para celebrar a quienes les han revelado tu bondad en sus vidas. Dame un corazón que busque tener una conexión sobre el aislamiento y a entender por encima de cualquier ofensa. Quiero conocerte en todas mis relaciones.

Jesús promete estar con aquellos que se reúnen en su nombre. Su amor nos deja ver un camino para fortalecernos y animarnos en armonía con otros. Seguiré en esas relaciones en su nombre hoy y veré su mover en esas relaciones.

Perfecto y confiable

En cuanto a Dios, perfecto es su camino,
y acrisolada la palabra de Jehová;
escudo es a todos los que en él esperan.

Salmos 18:30 RVR1960

Dios, no hay nadie más confiable que tú. Tu palabra son tus votos y nunca los romperás. Nunca te retractarás por lo que has prometido en tu amor leal. Me he sentido decepcionada por la confianza que se ha roto en otras relaciones, pero en tu caso, no es así como funciona y lo sé. No engañas ni te acercas con intenciones ocultas. Eres perfecto en todos tus caminos. No busco perfección en los que me rodean, pues en tu perfección es donde encuentro confianza verdadera.

Cuando otros me fallan puedo ver con claridad tu fidelidad sin titubeo. Espero tener una misericordia abundante para compartir por medio de esa gran cantidad de gracia que me has extendido sin límite. Gracias por ser un escucho en esta vida. Me oculto en tu amor infalible.

Dios nunca me falla. Sus caminos son mi provisión perfecta. Nunca me defraudará y nunca me soltará. Dios es perfecto en todos sus caminos y digno de toda confianza.

Armado con fortaleza

Dios me arma de fuerza y hace perfecto mi camino. Me hace andar tan seguro como un ciervo para que pueda pararme en las alturas de las montañas. Entrena mis manos para la batalla; fortalece mi brazo para tensar un arco de bronce.

Salmos 18:32-34 NTV

Señor perfecto, eres el único al que me puedo aferrar en tiempo de necesidad. Eres el único al que busco en tiempos de incertidumbre. ¡Eres el único! Dame fuerza cuando me estremezco en la indecisión y el miedo. Dame claridad en medio de la confusión. Dame paz para esta ansiedad. Dame de ti. Capacítame para lo que viene mientras te sigo confiadamente. Enséñame con tu sabiduría y constrúyeme en tu verdad.

Estoy muy agradecida de que nunca estaré sola. Aunque me falle a mí o a otros, sé que nunca fallarás. Me enseñas la fortaleza de la tenacidad y el valor de la misericordia cuando me encuentras.

No hay necesidad de temer cuando tengo a Dios de mi lado. No me abandonará en mi hora de angustia. Hará el camino para que lo atraviese y me dará la fuerza que necesite mientras confíe en Él. Sí, ¡Él lo hará!

VINO A BUSCAR

Porque el Hijo del hombre vino a buscar y a salvar lo que se había perdido.

LUCAS 19:10 NVI

Señor, estoy muy agradecida de que nunca se perderá algo sin que tú lo encuentres. Nada está oculto a tus ojos porque todo lo ves con claridad. Conoces a todo como te conoces a ti mismo. ¿Por qué habría yo de darle condiciones a otros y a su sanidad cuando tú no lo haces?

Enséñame a ser más como tú cuando me transformas en tu amor vivo. Tu misericordia está llena de poder para restaurar y redimir, incluso la situación más extrema. Para ti nada es imposible y creo que seguirás llamando a más creyentes para que encuentren su hogar en ti y te reunirás con ellos en amor. Eres tierno y feroz a la vez, así como eres misericordioso. Nunca te rendirás con el indefenso ni dejarás al vulnerable. Gracias, Jesús.

Lo que se ha perdido se encuentra en Jesús. Nada queda fuera del reino de su bondad amorosa. Su poder puede hacer que el quebrantado llegue a ser pleno, que el descorazonado tome valor y que el que sufre encuentre esperanza.

Siempre dispuesto

Dar algo al pobre es dárselo al Señor;
el Señor sabe pagar el bien que se hace.

Proverbios 19:17 rvc

Padre generoso, que mi corazón refleje tu generosidad y que mi vida refleje tu humildad y misericordia. Todo lo que tengo inicia contigo, por lo que con gozo me uno a ti en amor para darles a aquellos que lo necesitan, sin que yo espere algo a cambio. Sé que me recompensarás porque tú eres mi recompensa. No busca nada de aquellos que solo están tratando de atravesar su situación.

Ampliaré los límites de mi fe al abrir mi corazón en más amor y buscaré los medios para fortalecer al vulnerable y para animar al desanimado. No seré apática ni egoísta. Tu amor siempre alcanza a los marginados y yo haré lo mismo.

El Señor da libremente a todos los que ha creado. También seré generosa con mis recursos y buscaré maneras para servir y bendecir a quienes lo necesitan. Daré de los recursos económicos, pero también de mi tiempo. Hoy, buscaré formas para ser una bendición.

Amor y temor

El temor del Señor conduce a la vida, da seguridad y protección contra cualquier daño.

Proverbios 19:23 DHH

Santo Dios, quiero que mi vida sea como este proverbio. Quiero tener una vida de amor reverente delante de ti. No te amo solo porque sé que es lo que debería hacer. Te amo porque me amaste primero. Me sigues amando. Me amas sin reservas. Nunca dejas de llenar mi corazón con tu misericordia y nunca me dejas. Nunca te das por vencido, nunca me lastimas. Me sanas, me construyes y me animas. Incluso en tiempos de corrección, saboreo la pureza de tu bondadoso amor.

No existe una sola acción que hagas sin amor, entonces, ¿por qué trataría de vivir distinto a ello? Lléname para que pueda vivir del exceso de tu misericordia, ampliándola a cada situación, a cada relación en medida abundante. ¡Cuánto te amo!

El Señor es toda mi satisfacción. Encuentro plenitud cuando Él me encuentra, cuando permanece en mí y cuando me llena. Estoy completa y vivo totalmente en Él. Viviré con un amor y temor total ante su rostro.

Él vive

«Pero en cuanto a mí, sé que mi Redentor vive,
y un día por fin estará sobre la tierra.
Y después que mi cuerpo se haya descompuesto,
¡todavía en mi cuerpo veré a Dios!

Job 19:25-26 NTV

Redentor, creo firmemente en que vives. Reinarás sobre la tierra nuevamente y regresarás por todos tus hijos. Regresarás por una novia lista para recibirte, ya que vendrá para restaurar, reclamar y para renovar la tierra. Quiero que me encuentres en ti todos los días de mi vida, con eta esperanza viva que sigue sonando en mi pecho. Sé que sin importar si regresas durante mi vida o no, te veré. Te veré adentro de mí.

Hasta entonces, Espíritu, sé para mí tan real como es el aire en mis pulmones. Mantén la armonía conmigo al buscarte. Te amo tanto, Señor, que anhelo llegar a estar contigo cara a cara, mientras cada problema, prueba o desilusión se vuelve solo una memoria.

El Señor viene a gobernar y a reinar. Viene nuevamente. Ahora mismo, ¡Él vive! Su vida en mí es mi sustento y mi fuerza y me da esperanza para mañana.

MÁS GRANDE QUE LA HUMANIDAD

«Humanamente hablando es imposible,
pero para Dios todo es posible».

MATEO 19:26 NTV

Dios, sé que contigo todo es posible. Eres poderoso en todos tus caminos y tu amor hace que todo sea mejor. Lléname con el poder de tu misericordia en medio de mis desconciertos, de mis errores y mis preguntas. Teje todos mis bordes desgastados con tu hilo, el cual jamás se debilitará.

Cuando vea las áreas de mi vida con las que no puedo lidiar y escuche tu voz llamándome para ser valiente y que confíe en ti, te daré mi corazón. Caminaré contra el miedo y confiaré en que tú me seguirás como dices que harás. Eres fiel y sé que sigues trabajando tu buena obra en mi vida.

Nada es imposible para Dios. Sin importar cuán batida o desanimada me siente. Dios es confiable en su amor. Confiaré en Él más de lo que puede confiar la lógica humana.

TANTA MISERICORDIA

Ustedes antes ni siquiera eran pueblo, pero ahora son pueblo de Dios; antes no habían recibido misericordia, pero ahora ya la han recibido.

1 Pedro 2:10 NVI

Padre misericordioso, gracias por elegirme para ser tuya. Soy tu hija y nadie puede quitarme eso. Me llamaste a ser parte de tu familia y cubrirme con el sello de tu Hijo. No hay nada que tenga que hacer para ganarme un lugar contigo, solo basta con que sea tuya, soy tuya, soy tuya, ¡te pertenezco!

Gracias por tu misericordia poderosa que hace todo nuevo, incluso yo. Respiras aliento de esperanza en aquellos sueños que había olvidado hace mucho tiempo. Me otorgaste bondad cuando estuve avergonzada. Me llenaste de poder para amar a otros cuando tu amor transformaba mi vida. Eres mi fuente y descanso en ti, en todas las cosas. Eres el fundamento firme de mi identidad y nadie puede cambiar ni quitarme lo que has hecho en mí.

Soy hija del Rey de reyes. Soy su amada heredera, una hija a la que aceptó maravillosamente y la trató como tal. Como hija del Dios viviente no siento vergüenza. Dios tiene todo lo que necesito, y en su reino, he encontrado mi hogar verdadero.

Sabiduría y alegría

Pues la sabiduría entrará en tu corazón,
y el conocimiento te llenará de alegría.

Proverbios 2:10 NTV

Señor, quiero estar llena de tu sabiduría y conocimiento. En ti hay plenitud de paz para quienes te buscan. Tienes las soluciones para nuestros problemas. Tienes esperanza para nuestras frustraciones. Tienes todo lo que necesitamos y mucho más.

No desperdiciaré tiempo en preocuparme, no me estancaré en el miedo. Vengo a ti, con la certeza de que me instruirás con tu sabiduría inigualable. Cuando lo haga, me darás la perspectiva de tu Espíritu que no puedo lograr por mí misma. Trabaja en todo lo que necesito con la gracia de tu presencia, Señor. Lléname con tu conocimiento para que me llene de alegría hoy. Tu verdad no tiene comparación.

La sabiduría de Dios es mejor que rubíes, oro o plata. Buscaré sus tesoros celestiales y mi vida será enriquecida de su guía y perspectiva.

Ayuda del Espíritu

Y nosotros no hemos recibido el espíritu del mundo, sino el Espíritu que viene de Dios, para que entendamos las cosas que Dios en su bondad nos ha dado.

1 Corintios 2:12 dhh

Espíritu Santo, me siento muy agradecida de tenerte, de conocerte y de estar llena de ti. Me siento agradecida por la paz tangible de tu presencia y por el gozo de tu cercanía. No podría empezar a agradecerte por todo aquello que enriquece mi vida. Te he recibido y seguiré sumergiéndome en ti para conocer más del reino de Dios y Padre.

Revela las verdades maravillosas de la naturaleza de Dios. Abre mis ojos para ver pizcas de la gloria que nos rodean. No quiero deambular sin objetivo, pensar que sé lo que es importante, pero sin tener un enfoque real. Ayúdame, Espíritu, me entrego a ti.

El Espíritu de Dios está lleno de amor, gozo, paz, paciencia y bondad. Hay esperanza, ánimo y una visión renovada en su presencia. Lo buscaré a Él primero, lo buscaré con frecuencia y por sobre todas las cosas.

Sigues siendo fiel

Si somos infieles, él permanece fiel;
Él no puede negarse a sí mismo.

1 Timoteo 2:13 RVC

Padre fiel, amo este versículo más de lo que puedo expresar. Es un recordatorio de que tu fidelidad no depende de la mía y eso es liberador. No existe nada que pueda hacer para que mantengas tus promesas. No hay nada que diga ni que haga para hacer cambiar tu opinión. ¡Nada!

Estoy llena de gratitud por tu misericordia incomparable. Gracias por ir de principio a fin en cada una de las promesas que haces. Sé que nada puede hacerte romper tu pacto de misericordia. Eres verdadero por quién eres, sin importar cómo me comporte. Quiero ser más como tú: congruente y amorosa en todo lo que haga, fiel con lo que diga y para dar misericordia. Quiero reflejarte en mi humanidad, aunque sé que tengo que dejar de lado los ideales de perfección en mí. Eres lleno de gracia, espero ser así también.

El Señor es fiel. Incluso cuando soy infiel, Él es fiel. No disminuiré mis expectativas de su bondad y no usaré ninguna excusa para ser imprudente. Viviré en la libertad de su amor con gratitud y alabanza en mis labios.

Más deseo

Pues Dios trabaja en ustedes y les da el deseo
y el poder para que hagan lo que a él le agrada.

Filipenses 2:13 NTV

Dios maravilloso, gracias por el deseo que pones en mí. Gracias por plantar en mí el anhelo de conocerte, de ser como tú y de vivir con tus principios como si fueran los míos. Por tu Espíritu, dame la gracia y la fuerza que necesito para seguir buscándote, para seguir promoviendo tu amor y convertirme en la persona que busca la paz verdadera más que hacer su propia voluntad. Deseo ser como tú y buscar formas para restaurar y redimir esa paz que se ha perdido en el conflicto. Quiero hacer puentes y ser un puerto seguro para aquellos que buscan alivio.

Señor, aquello que empezaste en mí, síguelo aumentando. Mi trabajo es buscarte, escucharte y tener una vida de rendición humilde. Y tú, Señor, haz el resto del trabajo.

El deseo que tengo de Dios viene del mismísimo Dios. Se origina en Él y es un regalo. Puedo hacer todo en Cristo, porque Él es mi fuerza y mi recompensa.

PROMESAS ETERNAS

El mundo se acaba con sus malos deseos, pero el que hace la voluntad de Dios permaneces para siempre.

1 JUAN 2:18 NVI

Dios eterno, aunque la vida es efímera, tú eres eterno. Tu amor no tiene principio y nunca va a tener fin. Nada puede contener ni encerrar tu misericordia. He visto cuán temporal es la vida y estoy dispuesta a ver el tiempo tan corto que tenemos aquí. En esta única, hermosa y despiadada vida, quiero seguir con tus leyes de amor como mi motivación y visión. Tu amor siempre se amplía y nos trae a la vida. Quiero ampliar mi entendimiento de ti en mi expresión de tu misericordia y en mi relación contigo.

Trae mis ojos de vuelta a ti cuando estos quieran apartarse. Cuando el peso del mundo se vuelve muy pesado, levanta mi carga y muéstrame cómo ves desde tu torre. Necesito conocerte más, Señor, soy tuya.

Todo lo que el Señor hace tiene consecuencias eternas. Todo lo que hago debo hacerlo con una mente puesta en el reino. Nada es muy banal para Él y sé que está obrando en todo aspecto para su gloria y para mi bien, así como para el bien de todos sus hijos.

FUNDAMENTO DE VERDAD

Sin embargo, la verdad de Dios se mantiene firme como una piedra de cimiento con la siguiente inscripción: «El SEÑOR conoce a los que son suyos», y «Todos los que pertenecen al SEÑOR deben apartarse de la maldad».

2 TIMOTEO 2:19 NTV

Señor, gracias por la verdad que permanece firme. Es el fundamento sobre el que construí mi vida porque te pertenezco. Me he liberado de toda vergüenza, pecado e imprudencia que busca su propia ganancia a costa de los demás. Me he sometido a los caminos de tu reino, a tus valores y a tu ley más importante: la ley de tu amor.

Trataré a otros con la misma misericordia que me extendiste. Ofreceré el beneficio de la duda cuando otros me maldigan o juzguen. Me acercaré a los marginados y seguiré tu liderazgo para ayudar a los vulnerables. Eres mejor que todos y quiero ser como tú. Que tu misericordia se exprese claramente a través de mi vida.

El Señor conoce quién es suyo y yo soy de Él. Nadie puede burlarlo y nadie puede convencerlo con mentiras. Dios conoce mi corazón y sobreviviré completamente sometida a su amor por encima de todo lo demás.

Cristo en mí

Mi antiguo yo ha sido crucificado con Cristo.
Ya no vivo yo, sino que Cristo vive en mí.

Gálatas 2:20 NTV

Cristo, eres la vida que habita en mí. Eres el poder interior que me permite escoger perseverar cuando podría escapar. Nunca huyes del dolor y yo tampoco lo haré. Sé que la única forma de sobreponerme a cualquier situación es atravesando la situación.

Dejaré de tratar de escapar de las pruebas y los problemas que siempre vienen. En lugar de ello, me inclinaré ante ti y confiaré en tu sabiduría, fortaleza y misericordia para empoderar y ayudarme a vencer. Confío en ti más de lo que confío en mí. Confío más de lo que confío en cualquier persona.

Ya no me gobiernan los mecanismos para sobreponer los problemas, ni los ciclos del trauma. Es el amor de Cristo que me ha hecho libre y es su vida en mí la que me da poder para vivir de acuerdo con sus caminos y sus propósitos. Soy una vencedora porque Cristo ya venció.

Ofrendas de sabiduría

Él cambia los tiempos y las épocas,
pone y depone reyes. A los sabios da sabiduría
y a los inteligentes, discernimiento.

Daniel 2:21 NVI

Soberano Dios, sabes cuánto deseo conocerte. Quiero vivir de acuerdo con tu sabiduría y tus caminos. Me ha tomado tiempo aprender a escucharte, conocer tu voz, tu tono y tu mensaje. Sé que tu naturaleza es pura, constante y desbordantemente hermosa. Nunca encontraré a nadie como tú.

Incluso cuando voy creciendo en sabiduría, tú sigues revelándote más a mí. Anhelo caminar en la luz de tu libertad todos los días de mi vida. Dame más discernimiento cuando busque por tu guía. No busco atajos ni puertas de fácil acceso. Quiero que me guíes para adquirir vida, una vida abundante y yo elijo buscarte.

Nada sorprende al Señor, ningún problema es muy grande para Él. Declaro que su sabiduría está disponible para mí hoy mediante la relación que mantenga con su Espíritu. Su conocimiento está disponible para mí cuando lo busco.

HONOR

Yo honro a los que me honran y humillo
a los que me desprecian.

1 SAMUEL 2:30 NVI

Señor, elijo honrarte con mi vida. Incluso en mis errores y mis dudas, regreso a buscarte. No quiero vivir con la protección de mi orgullo. No necesito protegerme contra ti. En humildad someto mi corazón al tuyo con la certeza de que tu sabiduría es más dulce, más pura y más real que cualquier otra.

Abro mi corazón a tu liderazgo. Me someto a tu enseñanza. Te honro con mi vida porque eres digno de tal honra. Eres mi creador, mi amigo y mi confidente. Nunca me dejas sola y nunca me abandonarás. Que hoy sea un día lleno de momentos en esta libertad en la que se relacionan mi espíritu y el tuyo. Te honro, Señor, porque eres lo más importante para mí.

Hoy no me reservaré ante el Señor. Cuando lo honre con mi confianza, mis anhelos y mi vida, Dios me honrará con una relación llena de fidelidad. Es tan bueno y es digno de todo lo que yo pudiera ofrecerle.

Tesoros escondidos

Clama por inteligencia y pide entendimiento. Búscalos como si fueran plata, como si fueran tesoros escondidos. Entonces comprenderás lo que significa temer al Señor y obtendrás conocimiento de Dios.

Proverbios 2:3-5 NTV

Jehová, hoy clamo por perspectiva. Levanto mi voz a ti para recibir entendimiento. Busco tu perspectiva más que mi propia ganancia. Anhelo recibir tu discernimiento como si estuviera buscando un tesoro oculto. Sé que tu sabiduría está escrita en la creación; me rodea en la organización del mundo. Se encuentra en los ciclos de las estaciones. Está en los misterios del universo y en la belleza de la naturaleza.

Estoy sorprendida por tu creatividad y me atrae conocerte más a través de las revelaciones que he recibido. Quiero comprenderte más hoy. Por favor, revélate a mí en una forma nueva e innovadora. Muéstrame lo que todavía no he entendido y sopla un alimento de bondad en mi mente.

El Señor es mejor de lo que pudiera llegar a imaginar. Es más creativo, más intencional y misericordioso que lo que podemos llegar a comprender. Buscaré por las huellas de tu bondad en el mundo que me rodea y sé que encontraré su sabiduría cuando la busque.

PIEDRAS VIVAS

Y ustedes son las piedras vivas con las cuales Dios edifica su templo espiritual. Además, son sacerdotes santos. Por la mediación de Jesucristo, ustedes ofrecen sacrificios espirituales que agradan a Dios.

1 PEDRO 2:5 NTV

Santo Dios, gracias por darme acceso a ti por medio de tu hijo. Vengo atrevidamente ante tu trono, incluso más atrevidamente que los sacerdotes que llegaban al lugar santo, pues Jesús ha roto el velo que separaba tu presencia del pueblo. Ya no existe una separación entre tú y yo. ¡Gracias!

Vengo a ti por medio de Jesucristo y someto mi vida como un sacrificio espiritual. Te honro y tú me colocas en un lugar de honor en tu reino. Te doy acceso a toda mi vida y no escondo nada de ti. Te adoro con cada parte de mi vida. Tienes mi tiempo, atención, recursos y mi alabanza como sacrificio. Incluso en el dolor, sé que estás conmigo. Eres mi redentor y sé que no has terminado tu obra. Gracias por usar mi pequeña vida para demostrar tu misericordia. Gracias por tu amor que no lo ve como un sacrificio. Ante ti, sigo en proceso.

He recibido la llenura del amor por medio de Cristo. La misericordia ha lavado mi vida y soy parte del reino de Dios. Soy una piedra viva de su templo. Dios usará mi vida para extender su reino en la tierra.

Robles de justicia

Arráiguense profundamente en él y edifiquen toda la vida sobre él. Entonces la fe de ustedes se fortalecerá en la verdad que se les enseñó, y rebosarán de gratitud.

COLOSENSES 2:7 NTV

Roca eterna, eres el fundamento de mi vida. Tu amor es el suelo donde crece la raíz de mi corazón. Aquí, en unidad con tu presencia, he sido cultivada por tu misericordia. Crezco más fuerte en la gracia de tu Espíritu. Cobro vida en tu deleite. Eres mi sustento y mi fuerza. Eres mi esperanza y mi libertador. Nadie puede arrancarme de tu huerto.

Sigue podándome cuando sea necesario. Me humillo ante ti y bajo tu cuidado. Sé que mientras me mantenga enraizada y cimentada en ti, mi vida dará el fruto de tu Espíritu. En mí hay abundancia de gratitud y debo derramarla ante ti este día.

Estoy enraizada en el reino de mi Padre, ahí es donde cobro vida, la cual se construye sobre su amor. No seré removida. Mi fe crecerá fuerte en su verdad y la gratitud rebosará desde mi corazón y vida.

SIGUE HACIENDO EL BIEN

Dará vida eterna a los que siguen haciendo el bien, pues de esa manera demuestran que buscan la gloria, el honor y la inmoralidad que Dios ofrece.

ROMANOS 2:7 NTV

Dios, no me rendiré en hacer lo bueno que sé hacer. Jesús era muy claro acerca de los valores por los que deberíamos vivir. Estoy muy agradecida de que Jesús no establece que se haga según su consejo. Habló en parábolas para que pudiéramos depender de las relaciones para conocer la verdad.

Los valores del reino son claros. Quiero vivir con base en tu amor. Quiero promover la paz y el amor. Quiero llamar a otros en lugar de excluirlos. Quiero tener una precursora de la unidad, no de la desvinculación. Haré lo bueno que sepa hacer y seguiré adquiriendo más conocimiento mediante tu Espíritu. Nada me falta en tu presencia y confío en que encontraré todo lo que busco ahí.

Declaro que siempre habrá algo bueno que puedo hacer aquí y ahora. No necesito preguntarme qué impacto tendrá mi vida; logro un impacto en cada interacción y en cada movimiento hacia el amor y la humildad en mis relaciones. Seguiré adelante en lo que dije que haría y te reflejaré en mi congruencia de vivir.

Desde el polvo

Levanta del polvo al desvalido y saca del basurero al pobre para sentarlos en medio de príncipes y darles un trono esplendoroso. «Del Señor son los fundamentos de la tierra; sobre ellos afianzó el mundo».

1 Samuel 2:8 NVI

Restaurador, gracias por levantar al necesitado de las cenizas y al desvalido del polvo. Tu carácter me da mucha esperanza. Incluso cuando conozco la frustración, sé que existe una oportunidad para que tu bondad me llene con redención.

Eres tan bueno al entrelazar elementos para lograr una hermosa pieza maestra. Hazlo con mi vida, Señor, incluso con las piezas que a mi parecer son ajenas y sin valor. Sé que nada es un desperdicio en tus manos. Levántame de las cenizas y levantaré a otros conmigo mientras me levanto. Me dedico a ti.

No temeré a lo que venga hoy porque Dios está conmigo. No permitirá que nada ni nadie se me adelante. Él es mi paz y es quien construye mi futuro. Viviré con su generosidad como si fuera mía y me uniré a Él para levantar al necesitado de los escombros de su vida.

Regalo de gracia

Porque por gracia ustedes han sido salvados mediante la fe. Esto no procede de ustedes, sino que es el regalo de Dios y no por obras, para que nadie se jacte.

Efesios 2:8-9 nvi

Dios de gracia, gracias por el regalo que me has entregado: gracia sobre la vergüenza. Has tomado cada temor de fracaso y dijiste que no esperabas que fuera perfecta, solo que me entregara en sencillez a ti. Recibo el regalo de tu misericordia y dejo que mi fe crezca por el río de tu amor. Sé mi fuente y mi provisión.

Cuando me siento desilusionada y desanimada de mí misma y de otros, recuerdo que eres mejor que lo que nosotros somos para sí mismos. Tus planes son mejores, tu visión es más clara y tienes gran bondad esperando por nosotros. No puedo ganar mis deseos dentro ni fuera de tu amor, por lo que estoy muy agradecida.

No puedo ni ganar ni perder la gracia de Dios. Es un regalo gratuito que recibo de Él. Lo tomo y me hago su amiga para extender esa gracia a los demás. ¡Qué gran regalo, es un gran gozo!

Preparaciones gloriosas

Cosas que ojo no vio, ni oído oyó, ni han entrado al corazón del hombre, son las cosas que Dios ha preparado para los que lo aman.

2 Corintios 2:9 NBLA

Gran Señor, me consuela que nadie puede imaginar la amplitud de tu creación. Lo que has preparado para los que te aman es infinitamente mejor que lo que cualquiera podría imaginar. Los niños sueñan e imaginan con libertad, pero cuando crecen, nos enseñan a apegarnos a la realidad y a lo plausible que podemos aceptar como los límites de la lógica.

No podemos escapar de las responsabilidades del mundo, pero a pesar de eso, no quiero perder el asombro ni la creatividad que encuentro en ti. Cuando me detengo frente a catedrales y bosques, cuando veo a través del océano o viajo en un río, mi sentido de la seguridad y asombro se amplían simultáneamente. Puedo soñar mucho más y realidades mucho mejores. Cuando veo los cielos estrellados, mi corazón despierta con posibilidades mucho más amplias. Espero poder soñar mucho más al darme cuenta de que mi imaginación ni siquiera toca las maravillas de tu realidad.

El Señor ha preparado cosas tan maravillosas en su reino, porque Él es mejor, más glorioso y tan lleno de posibilidades de maneras que no podríamos soñar. Entregaré mi imaginación a Él para que la amplíe.

LUZ MARAVILLOSA

Pero ustedes son linaje escogido, real sacerdocio, nación santa, pueblo adquirido para posesión de Dios, a fin de que anuncien las virtudes de Aquel que los llamó de las tinieblas a su luz admirable.

1 Pedro 2:9 NBLA

Rey de reyes, te pertenezco. Me llamaste de las tinieblas a tu luz admirable. Aquí, frente a la luz de tu presencia, vuelvo a vivir. Eres maravilloso y a los que me rodean les hablaré de cuán maravilloso eres. Cuando pienso en mi vida contigo y en nuestro caminar junto, recuerdo la abundancia de tu bondad que había olvidado. Refresca mi esperanza en la fidelidad de tu carácter. Recuérdame esos momentos de amor que has traído sobre mí, cuando no me has soltado y cuando no te has rendido por lo que he hecho.

Eres mucho mejor de lo que puedo describir. Permite que mi amor se levante como respuesta a las profundidades de mi corazón para llenar el tuyo. ¡Te amo tanto!

Soy escogida por Dios, soy suya y le pertenezco. No olvidaré lo que ha hecho por mí. Hablaré con los demás hoy y les hablaré hoy y les contagiaré del ánimo que está en mí hoy. Celebraré a la luz de su fidelidad todos los días de mi vida.

El pueblo de Dios

Pero ustedes son descendencia escogida, sacerdocio regio, nación santa, pueblo que pertenece a Dios para que proclamen las obras maravillosas de aquel que los llamó de las tinieblas a su luz admirable. Ustedes antes ni siquiera eran pueblo, pero ahora son pueblo de Dios; antes no habían recibido misericordia, pero ahora ya la han recibido.

1 Pedro 2:9-10 NVI

Dios, gracias por llamarme tuya. Gracias por derramar libremente tu misericordia sobre todos en la misma medida abundante. No existen divisiones en tu reino. No hay divisiones en tu amor. Solo hay un reino de amor. Un reino del Padre, un reino del Hijo, un reino del Espíritu Santo. Un reino para cada tribu, nación e idioma. Todos somos un solo reino.

Gracias por hacerme parte de este reino que incluye a todos. ¡Qué gran gozo y honor! Declararé tus alabanzas a ti hoy, no me guardaré ni un solo pensamiento. Eres digno de mi confianza, mi adoración y mi vida misma.

Soy una parte pequeña de un gran todo. Estoy llena con la bondad misericordiosa del Rey de reyes y pertenezco a su reino. Celebro y seguiré celebrando su gran amor durante todo este día.

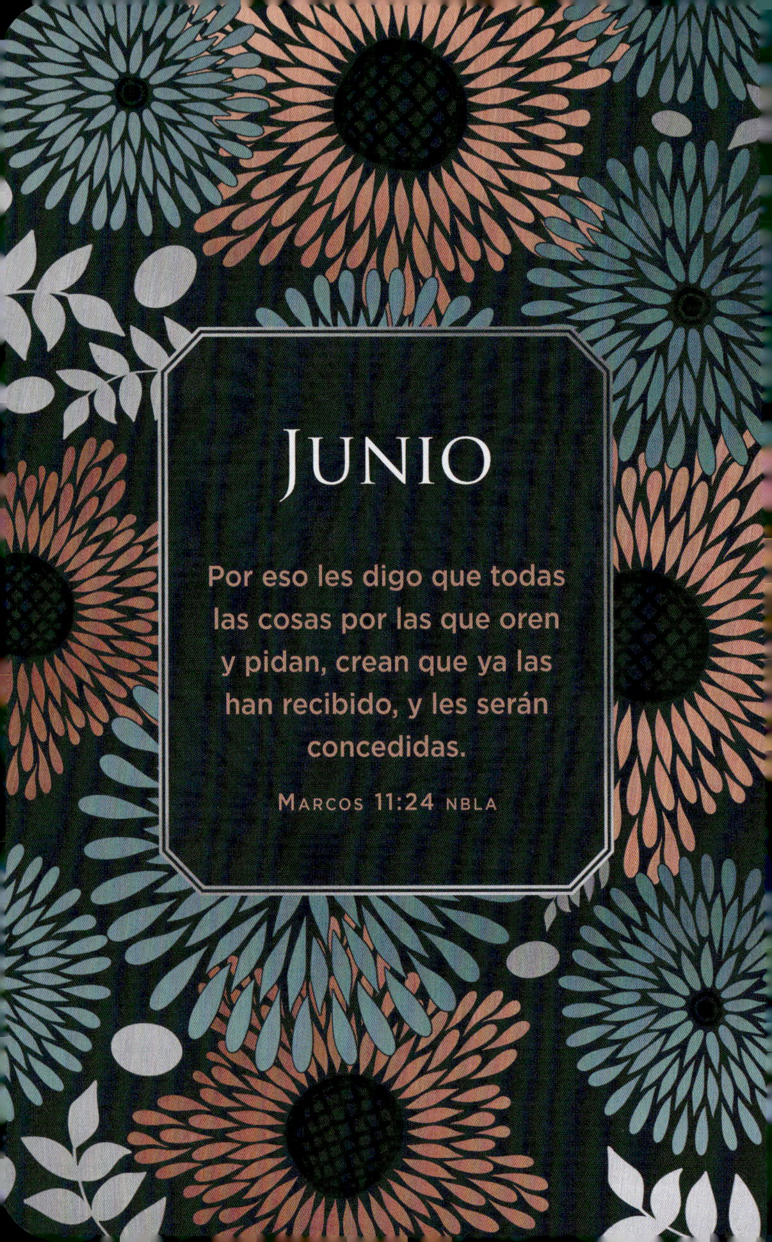
Junio
Por eso les digo que todas las cosas por las que oren y pidan, crean que ya las han recibido, y les serán concedidas.
Marcos 11:24 NBLA

La oración de fe

«Y todo lo que pidan en oración, creyendo, lo recibirán».

Mateo 21:22 NBLA

Precioso Salvador, tus palabras me invitan a suplicarte todo en oración. La promesa de que me darás lo que te pida, a veces se me dificulta. Ya me siento bendecida con que pueda pedirte y que me suplas, aunque debo confesar que todavía hay duda en mi corazón. Tal vez se deba a que el componente clave de la oración es la fe. Admito que mi fe a veces es tímida y, por lo tanto, no siempre está en plena acción.

Quiero creer sin titubear. Ayúdame a creer absoluta e irrefutablemente todo lo que digas en todo lo que puedas hacer. Quiero concluir mir oraciones con la certeza de que recibiré todo lo que necesite de ti.

Dios me ha dado todo lo que necesito: a Cristo Jesús y la fe. Escucha mis oraciones y seguramente las contesta. Vendré delante de su trono con plena confianza. No dudaré. Buscaré complacer a Dios y vivir con certeza de que su respuesta vendrá. Sus respuestas se impartirán según su sabiduría para mi beneficio. Me regocijaré en el Dios que responde oraciones.

Vivo en libertad

«Estén alerta, no sea que sus corazones se carguen con disipación, embriaguez y con las preocupaciones de la vida, y aquel día venga súbitamente sobre ustedes como un lazo».

Lucas 21:34 NBLA

Padre, cuando me entero de las noticias, mi corazón se llena de preocupación y pesar. Nuestro mundo está tumultuoso y todos los días pareciera que debemos enfrentar una nueva amenaza. Cuando me acuesto en la noche, me quedo pensando en qué pasará el día siguiente, lo cual me causa noches de desvelo.

Sé que no es lo que quieres para mí, tampoco es lo que quiero para mí. Sé en verdad que eres tú quien sostiene el futuro y quien controla lo que pasa, entonces, ¿por qué me preocupo? Ayúdame a no ver las circunstancias, sino verte a ti, el único que tiene la máxima autoridad sobre nuestro presente y la eternidad.

Conozco a Dios todopoderoso y declaro que Él es soberano. Nada puede desviar sus planes porque los ha establecido para la eternidad. Declaro que ningún temor ni ninguna arma forjada contra mí prosperará. Viviré en autoridad, en confianza y en paz absoluta. Me reiré del futuro porque creo plenamente en la bondad de aquel que lo sostiene.

NO MÁS DOLOR

Dios enjugará las lágrimas de los ojos de ellos, y ya no habrá muerte, ni más llanto, ni lamento ni dolor; porque las primeras cosas habrán dejado de existir.

APOCALIPSIS 21:4 RVC

Señor, oro por todas las personas que conozco que están sufriendo. Muchos están enfermos, pasando por grandes pérdidas de relaciones, empleos o salud. Algunos tienen seres amados que han fallecido y mi corazón se duele con ellos. También me duele mi propia agonía, la cual conoces muy bien. He vivido con esta espina desde hace tiempo y, aun así, me pides que continúe en tu sabiduría.

Ayúdame a soportar. Ayúdame a creer, incluso cuando no entiendo. Llegará el día en que esté contigo, y lo viejo dejará de serlo, y lo nuevo será magnífico. Por ahora, ayúdame a darte alabanzas. Me amas y me transformas en la semejanza de tu hijo.

Declaro que el día llega. No podemos predecir cuándo, pero sí la anticipamos con certeza. Será un glorioso día cuando ya no habrá más dolor, enfermedad, muerte y toda lágrima será enjugada para siempre. Viviré eternamente sin dolor, sin discapacidad y sin pérdida. Floreceré por la eternidad, en presencia de mi Dios y mi Salvador.

Fiel y verdadero

Dios dijo desde su trono: «¡Yo hago todo nuevo!».
Y también dijo: «Escribe, porque estas palabras
son verdaderas y dignas de confianza».

Apocalipsis 21:5 TLA

Padre, cuando soy el objetivo final de rumores y palabras falsas, siento como si una relación llegara a su final, o que algo adentro de mí muere. Me duele que esta comunicación errónea acerca de mí se haya llegado a concebir y que se haya transmitido por alguien que me importaba. ¿Cómo pude llegar a pensar que yo le podía importar a esa persona también?

Anhelo sinceridad en los comentarios de los demás. Te suplico que la verdad llegue a la luz como tus palabras, las cuales siempre son fieles y justas. Trae consuelo a nuestra alma. Permite que nazca una nueva confianza hacia los demás en mi corazón.

Las palabras de mi Padre nunca fallan. Son confiables, sinceras y escritas para la eternidad. Creo que está llegando un tiempo en el que todo lo hará nuevo. Como su esposa eterna, veré al trino Dios en toda su gloria en el trono celestial. Vio mi futuro con Él, incluso antes del inicio del tiempo, pero para mí será un comienzo hermoso y brillante. La escritura lo proclama y yo lo creo, ¡anhelo que llegue ese día glorioso!

ÉL ESCUCHA

Pues no ha pasado por alto ni ha tenido en menos el sufrimiento de los necesitados; no les dio la espalda, sino que ha escuchado sus gritos de auxilio.

SALMOS 22:24 NTV

Señor, confieso que no siempre he tenido un oído fino o un corazón que atiende a quienes sufren. Quedo atrapada en mis tareas diarias, mi trabajo y mi familia que me hace olvidar fácilmente que muchos sufren. Es fácil disculpar la negligencia al decir: «No puedo salvar al mundo entero», pero mi deber es recordar que puedo ayudar al menos a alguien.

Eres mi máximo ejemplo, pues nunca pasas por alto un clamor de ayuda. Guardas las lágrimas del mundo en una botella. Dame los ojos para ver, los oídos para oír y el valor para nunca dar la espalda al necesitado.

Jesús me ha dado el poder del Espíritu Santo; puedo ser sus manos y pies para las personas que aparecen en mi camino; puedo ser luz para alguien y aligerar la carga de alguien con solo darme cuenta de su necesidad y darle ayuda. Incluso un pequeño impacto puede tratar de solventar su situación. No me ha llamado a pasar por alto a alguien que necesite ayuda, sino para poner a otros sobre mí. No ignoraré a quienes están en necesidad.

Dios que salva

Dios mío, tú eres mi fuerza; ¡en ti confío! Eres mi escudo, mi poderosa salvación, ¡mi alto refugio! Salvador mío, tú me salvas de la violencia.

2 Samuel 22:3 rvc

Abba Padre, sé que no debería preocuparme, pero a veces me asusto por la seguridad en este mundo. Cada día pasan más situaciones fuera de control y pareciera que suceden con más frecuencia. Empiezo a cuestionarme si quiero ir a algunas partes porque alguien podría llegar y acabar con esos momentos rebosantes de vida que he estado disfrutando.

Luego recuerdo quién me sostiene. Sé en quién debería creer y estoy segura de que nada ni nadie me puede separar de lo que has planificado para mí. Eres mi fortaleza personal y mi salvavidas siempre, a cada hora y cada día, ahora y por siempre.

No existe nada a lo que debería temer. No tengo razones para ocultarme y no viviré con ansiedad. El Creador es quien planificó mi vida incluso antes de que naciera. Viviré con audacia para que otros vean a Dios en mí. Caminaré en confianza y alegría con el conocimiento de que mi vida está en Él. Proclamo que el omnipotente me guarda y los brazos fuertes de Dios me protegen.

Refugio de perdón

«El camino de Dios es perfecto; la palabra del Señor, acrisolada; Dios es el escudo de los que en él confían».

2 Samuel 22:3 rvc

Dios, cuando caigo en la tentación, siento como si hubiera caído demasiado lejos otra vez y siento un desánimo que no cambiará. Me sujeto a tu perfección, quiero esconderme y cubrirme en la esperanza de que mis equivocaciones quedarán ocultas. Tú y yo sabemos que eso es imposible, pues nada puede ocultarse a tu mirada. Tu palabra revela mi pecado y me confronta.

Gracias a ti, la escritura también me enseña una forma de salir de todo ello. Si confieso, eres fiel para perdonarme. Si mantengo tu palabra en mi corazón, puedo descansar confiada en su verdad y que me guiará por el camino correcto. Reconozco que tus caminos son perfectos y quiero encontrar solaz en tu refugio.

Declaro que la perfección de las sendas de mi Señor es grande y poderosa. Dios es todo bondad. No hay nadie como Él, pues Él es el único y verdadero Dios. Es mi refugio en la tormenta. Es mi libertador cuyo brazo es poderoso para salvar. ¡Nunca quedaré destruida! Por siempre seré victoria, pues le pertenezco a Él y Él es fiel.

Mi pastor

El Señor es mi pastor; nada me falta.

Salmos 23:1 RVC

Jesús, con frecuencia veo que hay artistas que te muestran sujetando dulcemente un pequeño cordero contra tu pecho. Cuando veo esas imágenes, me imagino que somos tú y yo, que soy tu oveja y tú eres mi pastor: el que me guía, me provee, me protege y cede su vida por mí.

Cuando veo estas imágenes, todo lo demás se desvanece. El lugar donde está la imagen y los objetos que lo rodean se convierten en nada porque tú eres mi todo. Todo lo que esta vida tiene para ofrecer, palidece cuando lo comparamos contigo. Aunque todas las cosas terrenales pasen, tú permanecerás.

Encontré todo lo que quiero, todo lo que necesito y que importa en el buen pastor. Después de darme cuenta de que Él me eligió y me amó primero, dejo de querer ahora y por siempre, todo aquello que no sea su verdad hermosa. No merezco a Cristo, pero siempre me ha entregado su gracia y su amor sin condición. Proclamo que le pertenezco y que estoy sellada por su Santo Espíritu.

Exaltación humilde

Porque el que se enaltece será humillado,
y el que se humilla será enaltecido.

Mateo 23:12 RVC

Padre, vengo ante ti un poco avergonzada por una conducta específica, que estuve alardeando un poco. Creo que el problema es que quiero que me vean, quiero sentir que importo. Quiero que todos los presentes me vean en realidad. Cuando respondes mis preguntas y mis oraciones, cuando abres las puertas que tanto anhelaba, olvido rápidamente que eres tú el que hace todo. Olvido que solo soy una vasija. Busco reconocimiento para algo que nunca hubiera logrado con mi propia fuerza.

Perdóname por exaltarme y por hacer parecer que tus esfuerzos son míos. Te suplico que me ayudes a alabarte porque todo esfuerzo es tuyo.

Me inclino en humildad ante el majestuoso trono de Dios y declaro que, sin Él, no puedo hacer nada. También proclamo que nada es imposible con Él. En su poder, todo puede lograrse. Lo alabo por su generosidad al permitirme ser parte de sus planes. Sé que Él tiene planes para que yo prospere, para darme esperanza y poder para trabajar por el bien y la gloria de su reino.

Esperanza eterna

Cuentas con una esperanza futura,
la cual no será destruida.

Proverbios 23:18 NVI

Dios, algunos días pareciera que la esperanza está muy reducida. Veo el rostro de las personas y pareciera que todos están a punto de rendirse. Quizás han dejado de creer que las situaciones mejorarán. Otras personas intentan sonreír, pero fracasan miserablemente. Si tan solo supieran.

Ahí es donde está mi responsabilidad de compartir mi esperanza, la que tengo por medio de Jesús como mi Salvador. Podrían rendirse a tu salvación llena de amor y sabrían que la esperanza está presente. Ayúdame a compartir el evangelio, ayúdame a que otros que me escuchen encuentren su futuro en Jesucristo.

Declaro con gran gozo y seguridad que hay esperanza y que ¡esa esperanza está en Jesús! Tengo un futuro seguro, sellado, brillante y hermoso en la presencia de Dios, el cual permanecerá por toda la eternidad. Nada puede alterar esa verdad y nada puede robar mi esperanza. Todos mis días pasan con la certeza firme de que pasaré la eternidad con mi Dios.

Todo suficiente

Dios no es un simple mortal para que mienta o cambie de parecer. Si él habla, ciertamente actúa; si él dice algo, lo lleva a cabo.

Números 23:19 RVC

Padre, amo nuestra intimidad, pero a veces te concibo más como padre que como Señor todopoderoso. Quiero adorar tu majestad, pero cobijarme a tu lado al mismo tiempo. Quiero recordar y reconocer que eres un Dios plenamente suficiente en las alturas. Eres el Rey soberano y a pesar de tu grandeza, estás tan cerca para incluso contar los cabellos de mi cabeza.

Ayúdame a entender completamente tu carácter, a caminar en tu verdad, a regocijarme en saber que todo lo que haces es para bien. Ayúdame a adorarte porque eres el YO SOY, el Salvador del mundo y quien ama mi alma.

Los caminos de Dios son mejores y mucho más grandes que los míos. En Él todas las cosas permanecen puras, fieles y verdaderas. Confío en su buen propósito para mí y en la magnitud inexplicable del amor que me mostró al sacrificar a su hijo por mí. Mediante la oración y las escrituras, el Espíritu Santo me revelará más de la naturaleza de Dios y me guiará a una relación mucho más profunda con Él.

UNA RENOVACIÓN QUE TRANSFORMA

Me infunde nuevas fuerzas y me guía por el camino correcto, para hacer honor a su nombre.

SALMOS 23:3 RVC

Cuando la fatiga me sobrepasa, escucho tu voz de paz en un susurro. «Ven y descansa en mí. Permíteme traer refrigerio a tu alma». La vida en ti es paz, pero al estar en este mundo encontramos desafíos que nos abruman. Cuando lleguen los días que me opriman, quiero inclinarme de rodillas. Ayúdame a derramar mi corazón y recibir esa seguridad que me restaura y que tú has conquistado plenamente.

Dame la audacia para compartir con todos en la forma en la que tú lo haces, como solo tú puedes traer la verdadera salvación. Quiero que otros sepan la renovación que transforma a una nueva vida en Cristo. Ayúdame a vivir en rectitud con tu plan perfecto y para tu gloria.

No hay descanso, paz ni salvación fuera de mi Señor y Dios. Al estar a sus pies y clamarle en oración, me restaura plenamente. Su camino está cubierto de bondad y justicia y él me guía con gran cuidado y amor. Por el resto de mis días, todo lo que quiero hacer es seguir a Jesús y dar la gloria a su santo nombre.

Una guía de protección

Aun cuando yo pase por el valle más oscuro, no temeré, porque tú estás a mi lado. Tu vara y tu cayado me protegen y me confortan.

Salmos 23:4 NTV

Padre, confieso que algunos de los valles de sombra por los que he caminado han sido mi propia elección. En esas ocasiones, tengo miedo porque sé que he caminado fuera de tu voluntad por sucumbir ante la tentación. Incluso ahí, estás a mi lado, exhortándome al arrepentimiento y recordándome que no tengo temor.

Tu corrección es bondadosa y efectiva. Cuando respondo a tu invitación para darle la espalda al pecado, encuentro gran consuelo en saber que nunca, nunca me dejarás por ninguna razón. Cuando camine a través de las pruebas que has permitido en mi vida, sé que tú vas caminando delante de mí. Tú me guías, me consuelas y ganas la victoria en mi nombre.

El ojo protector y vigilante de mi Padre está constantemente sobre mí. Declaro que nunca tendré que temer a nada. Me regocijo en su presencia continua con el conocimiento de que nada ni nadie puede separarnos. Recibo su corrección con gratitud y me consuela saber qué siempre serás mi compañía sabia y santa.

TU AMOR ME SIGUE

Seguro estoy de que la bondad y el amor me seguirán todos los días de mi vida; y en la casa del Señor habitaré para siempre.

Salmos 23:6 NVI

Padre, en ocasiones quisiera saber más de lo que trae el mañana. Esos momentos son aquellos en los que me rodea una situación o complicación que trae miedo y tensión a mi vida. Cuando sucede, quiero recordar que tú me sostienes en el futuro. Como soy tuya, siempre estarás conmigo y nada podrá angustiarme.

Sé que todos tus caminos son buenos. Tu amor es grande y mucho más abundante que mi propio entendimiento. Quiero enfocarme en lo que sucederá con certeza, no en lo que podría pasar. ¿Qué es seguro? Que tendré un hogar eterno en el cielo y que existiré contigo durante la eternidad.

Declaro que la bondad y el amor del Señor Dios todopoderoso me seguirán todos los días para mostrarme cuán grande es el afecto que tiene por mí. Me siento tan entusiasmada solo de pensar lo que ha preparado para mí cuando me gradúe para ir al cielo. Ahí veré su rostro y lo adoraré por siempre. Dios me bendijo con su presencia en esta tierra y sé que lo mejor está por venir.

TODO LE PERTENECE A ÉL

La tierra es del SEÑOR y todo lo que hay en ella;
el mundo y todos sus habitantes le pertenecen.

SALMOS 24:1 NTV

Señor, al ver todas las cosas que tengo para ver qué puedo donar u obsequiar, me impresiona cuántas cosas he acumulado. Hoy vengo de rodillas a confesarte que no he sido una buena administradora. Por impulso he comprado cosas que ni uso. Cuando me has dado todo lo que necesito, ¿por qué lucho por satisfacer mis deseos con cosas innecesarias?

En esta tierra, los únicos que podrán vivir eternamente serán las personas. Ayúdame a invertir en esas personas que tienen necesidad, en lugar de estar adquiriendo para mí las últimas tendencias. Perdóname por mi exceso sin sentido. Ayúdame a usar lo que me has dado generosamente para construir tu reino.

Todo fue creado por Dios, para Dios, por lo que todo es suyo. No quiero volver a ver cualquier cosa como una mera pertenencia mía. En lugar de eso, la ofreceré ante su altar para que se haga como Él desea. Estoy agradecida por la libertad que encuentro cuando entrego todo al rey, al dueño absoluto de todo.

Él es nuestra esperanza

Pero el que se mantenga firme hasta el fin será salvo.

Mateo 24:13 NTV

Jesús, aferrarse a la esperanza puede llegar a ser una lucha diaria. Este mundo está casi desprovisto de la esperanza. Incluso cuando sé que mi futuro y mi seguridad están en ti, puedo sentirme abrumada y afectada profundamente por la locura de nuestra cultura. Estoy agradecida por tu palabra que siempre me anima, me enseña y me recuerda de dónde viene mi esperanza.

Sé que a medida que siga confiando en ti y en la verdad de la escritura, me mostrarás una vida abundante y me rescatarás de este mundo caído. Estoy muy agradecida de conocerte, eres la única esperanza verdadera.

¡Mi esperanza está en Jesús! No existe otro nombre y ninguna otra manera; solo Él es mi salvación. ¡Qué tremenda paz! Es una abundancia de gozo saber que él me llevará a través de esta vida y que un día me presentará ante el mismísimo Padre. Creo en Él y le pertenezco, al conquistador de la muerte y el pecado, el Salvador del mundo.

El desarrollo del fruto

Con paciencia se convence al gobernante.
¡La lengua amable quebranta hasta los huesos!

Proverbios 25:15 NVI

Padre, gracias por tu palabra que me aconseja a detener la ira, a ser paciente y a considerar a los demás de forma que evite ponerme por encima de ellos. Estoy agradecida de que tu Espíritu me ayuda en todas esas áreas. Si fuera por mí, seguro ya hubiera fracasado en demostrar cualquiera de esos aspectos. La instrucción gentil, las peticiones amables y la presentación respetuosa son acciones que muestran sabiduría. Este fruto puede ganar corazones, incluso los más escépticos.

Suplico tu favor y poder mediante tu Espíritu Santo mientras me disciplino para aprender y practicar estas virtudes. Dame la capacidad de hablar con discernimiento y prudencia; quiero persuadir a otros para que lleguen al conocimiento de tu salvación.

Dedico mi vida en sumisión al Espíritu Santo para desarrollar fruto en mí. Cuando ore, estudie la Biblia y confíe en el poder de Dios, recibiré y mostraré gentileza, paciencia, bondad y todos los dones espirituales que me ha dado para su gloria. Cuando viva de forma que muestre la evidencia de Cristo en mí, otros podrán ver a Jesús en mi vida.

Pensamientos de paz

Al de carácter firme lo guardarás en perfecta paz,
porque en ti confía.

Isaías 24:1 ntv

Señor, deseo traer cada pensamiento cautivo ante ti. Quiero eliminar de mi mente todos esos pensamientos desagradables que pueden permanecer ahí. Confieso que la gran mayoría de ideas que bombardean mi cerebro vienen por mi culpa. Elijo el contenido que ven mis ojos y lo que escuchan mis oídos. No siempre tomo las mejores decisiones en cuanto a entretenimiento y pueden llevarme a pensamientos impíos que se mantienen ahí por día. Incluso las noticias nocturnas pueden contaminar mi actitud y determinar mi humor.

De ahora en adelante, quiero dejar entrar a mi mente solo lo que es puro y correcto a tu vista. Pido tu fortaleza y sabiduría para tomar decisiones que te honren y me traigan paz.

Cuando controle lo que hay en mis pensamientos, tendré discernimiento de qué es puro y eliminará lo que ofende a Dios para experimentar su paz. Confiaré en el llamado gentil del Espíritu y no me expondré a ciertas películas o música. Mantendré una visión cuidadosa en mi mente para controlar lo que entre a ella. Ahí podré decir: «En mi alma, estoy bien».

Siempre fiel

Confíen siempre en el Señor,
porque el Señor Dios es la Roca eterna.

Isaías 26:4 NTV

Dios, puede ser difícil saber en quién confiar. En muchas ocasiones, hay personas que han prometido no lastimarme, pero no han cumplido. Me he desanimado al ver que defraudan la confianza y que exponen los secretos. Me siento mal cuando he tratado de depender del apoyo de alguien más y ellos se hacen a un lado.

Estoy muy agradecida de saber, que más allá de toda duda, que tú siempre eres confiable. Eres mi fuerza cuando no he tenido ninguna. Eres mi libertador cuando no tengo escapatoria. Eres la verdad en la que me mantengo firme. Estás conmigo cada minuto de cada día y me llevarás en victoria desde esta vida hasta la siguiente. Tú siempre eres fiel.

Declaro que conozco a Dios, que le pertenezco y que confío en Él cada una de mis respiraciones porque es el Dios verdadero. Sé que mi salvación está segura en Cristo Jesús y estoy segura de en quién he creído. No tengo razón para temer hoy ni en el futuro, pues Dios ha sido por siempre mi seguridad. Va delante de mí y prepara el camino, porque Él es bueno.

Sin temor

El Señor es mi luz y mi salvación; ¿a quién temeré?
El Señor es el baluarte de mi vida; ¿quién me asustará?

Salmos 27:1 NVI

Dios, no siempre logro ver mi camino, lo cual me llena de temor. En esos momentos me siento sin protección, aunque sepa que ahí estás. ¿Por qué pierdo mi fe tan fácilmente? Sé que soy humana, pero tú me has redimido. Debo confiar en ello. Aun así, el miedo llega para poner en duda mi seguridad en ti.

Señor, perdóname. Ayúdame a creer que todo lo que soy se basa en Cristo. Soy escogida, perdonada, amada y adoptada como hija de Dios. Soy sellada con el Espíritu Santo y tengo plenitud en Cristo. Puedo acercarme al trono de la gracia de Dios con libertad y confianza. Ayúdame a recordarlo y a confiar en la verdad de Jesús en mí.

He sido hecha una nueva creación en Jesús. He sido salvada por el poder de su sangre. En Él, todo temor es eliminado y el camino en el que me guía está lleno de luz. Cristo es la fortaleza que protege mi vida. Mi futuro es certero y mi existencia con Él es eterna.

Mi padre Dios

Aunque mi padre y mi madre me abandonen,
el Señor me mantendrá cerca.

Salmos 27:10 NTV

Amado Padre, todos tenemos amigos heridos. Hoy, traigo delante de ti a una persona específica porque está pasando por dificultades con su familia. No sé si el problema empezó hace unos días o hace muchos años. Pasan temporadas en paz, pero en otras se sienten atormentados.

Ahora intercedo por ellos, mantenlos cerca de ti. Recuérdales que eres el padre y el familiar más fiel que puede haber. Siempre estás ahí, nunca te apartas. Sin importar la razón, ayúdales a encontrar paz y perdón. Sánalos de sus heridas, que dependan de ti, su perfecto Padre celestial.

Dios es mi Padre amoroso, confiable y presente. Me regocijo de que nunca me abandonará, me rechazará o me descuidará. Siempre me protegerá. Desea sujetarme cerca y llamarme su hija. Estoy segura en la verdad de que fui creada por Él y para Él. Estaré por siempre con Él.

La bondad de Dios

Hubiera yo desmayado, si no hubiera creído que había de ver la bondad del Señor en la tierra de los vivientes.

Salmos 27:13 NBLA

Jesús, nuevamente me has dado la salida en una situación en la que pensé que no lo lograría. Estuve en gran aflicción hasta que te busqué y derramé mi angustia y confusión. Estaba lista para rendirme, pero oré y tú hablaste. Me recordaste tu bondad. Me susurraste un recordatorio de tus promesas. Escuché tu voz diciendo: «No estés ansiosa, mi hija. Voy delante de ti y he visto la belleza desde las cenizas».

Mi espíritu se levantó, mi fe se elevó. Escuché tu respuesta y sentí la solución que diste. Me regocijé de nuevo porque, como siempre, Dios trabaja para bien todo lo malo y trae gloria a su nombre.

Dios es justo. Todo lo que hace es para su gloria y para beneficio de quienes lo aman. Confío en su plan y en el gran poder de fruto que trae ese plan. Sé que sin importar cómo se ven las situaciones, Dios está en control, y la victoria que trae es la respuesta a mis plegarias. Sé, sobre todo, que Él es bueno.

ARREPENTIMIENTO Y RESTAURACIÓN

El que encubre sus pecados no prosperará, pero el que los confiesa y los abandona hallará misericordia. Cuán bienaventurado es el hombre que siempre teme, pero el que endurece su corazón caerá en el infortunio.

PROVERBIOS 28:13-14 NBLA

Padre, ambos sabemos que en mi vida tengo una barrera. Se trata de un placer que trae culpa y en el que he caído muchas veces. No hace bien a mi vida y le he permitido entrar a mi corazón y le he dado el control de mis acciones. He ocultado este pecado y me ha estado enfermando.

Quiero entregar esta tentación que oscurece mi relación con Dios. Perdóname, mi Dios lleno de gracia y misericordia. Me siento muy agradecida de que, al arrepentirme, envías mis iniquidades a la profundidad del mar y dejas de traerlas a tu mente. Restáurame y guárdame de regresar a todo aquello que no te agrada.

Por la bondad y la gracia de Dios he sido perdonada. Creo que mi pecado ha dejado de existir, pues mi restauración en Él está completa. Proclamo que mantendré una mirada vigilante sobre mi corazón y dedicaré mi ser completo a mi Dios. He sido transformada por la sangre de Jesús.

Siempre presente

Enseñándoles a obedecer todo lo que les he mandado a ustedes. Y les aseguro que estaré con ustedes siempre, hasta el fin del mundo.

Mateo 28:20 NVI

Abba Padre, hay ocasiones en las me siento sola, incluso cuando estoy en un lugar lleno de personas. Mi espíritu clama porque necesite algo y porque se siente insatisfecho. Conforme voy buscando en mi corazón, me doy cuenta de que se debe a que no estoy pasando tiempo a solas contigo. ¿Por qué me distraigo? Las distracciones me alejan de enfocarme en ti. Debería evitarlas a toda costa, pero por lo general, no lo hago.

Me siento tan agradecida de que incluso cuando lo olvido o me tardo, sigues esperándome. Has prometido que estarás conmigo ahora y por la eternidad. Cuando me siento sola, recuerdo que puedo sentarme a tus pies, recibir tu amor, sentir tu consuelo y renovarme completamente en tu presencia.

Declaro que sirvo al único Dios de amor constante, el que me cuida continuamente y cuya presencia es eterna. Sé que Él anhela escuchar mis oraciones y mi corazón. Creo que más que cualquier persona en mi vida, Él quiere estar conmigo. Es una bendición y no puedo encontrar las palabras suficientes para describirlo.

Una esperanza futura

Pues yo sé los planes que tengo para ustedes —dice el Señor—. Son planes para lo bueno y no para lo malo, para darles un futuro y una esperanza.

Jeremías 29:11 NTV

Señor, cuando veo mi vida, este mundo y todas las situaciones tan caóticas, no logro entender completamente la posible cuesta debajo de todo lo que sucede. Todo esto tiene la capacidad de conducirme a la tentación de la preocupación, el temor y la falta de esperanza.

Luego logro escuchar ese susurro. Aquella que es más grande que cualquier cosa en el mundo o en mi vida, esa voz que está en control. Tu palabra revela que creaste un plan antes de que existiera este universo. Ese plan, mediante tu hijo, Jesús, es la promesa de esperanza absoluta para quienes le creen. Existe una esperanza garantizada donde podemos ver un futuro brillante y sabemos que el final es victorioso.

El plan del Señor es mucho más magnífico de lo que mi mente puede llegar a concebir. Creo que no hay nada más que esperanza, porque Él es soberano. En su palabra, Él dice que somos redimidos por el triunfo en Cristo. Viviré en gozo hoy, adorando a Dios por el futuro que ha preparado para mí.

Paz bendecida

El Señor fortalece a su pueblo;
el Señor bendice a su pueblo con la paz.

Salmos 29:11 NVI

Padre, no puedo imaginar dónde estaría sin ti, solo sé que estaría perdida. No entiendo cómo alguien puede navegar su vida fuera de la salvación en ti. La ansiedad se apoderaría de mí. Si no contara con tu intervención y favor, me sentiría incapaz de manejar los desafíos de cada día o lograr esos sueños que deseo. Sé muy bien que sin ti no puedo lograr nada. Aun así, todavía hay ocasiones en las que me atrevo a intentar cosas por mi lado.

En esos momentos de equivocación, ayúdame a recordar el arrepentimiento y la confianza en el todopoderoso, así como recordar al suficiente Dios de toda la creación. Tú sí puedes, estás esperando por mí para que camine contigo. Estaré observando la maravilla de tu obra, la que sobrepasa mi comprensión.

El Señor es capaz de los actos más maravillosos y de los milagros más magníficos. Recibo la fuerza y la paz perfecta que Él me ofrece en su gracia y siempre lo adoraré por su gran bondad. Lo adoro por su generosidad en proveerme todo lo que necesito y por su deseo de bendecirme continuamente.

FIEL PARA ESCUCHAR

Entonces ustedes me invocarán,
vendrán a suplicarme y yo los escucharé.

JEREMÍAS 29:12 NVI

Jesús, cuando hablo a otros, a veces siento como que no me escuchan. He aprendido que cuando alguien gira sus ojos o mueve su cabeza para girar y ver a otro lado entiendo que los he perdido y que mi voz empieza a desvanecerse en su subconsciente.

Tu palabra me garantiza que cuando me acerco a ti, siempre estás ahí escuchándome con toda intención. ¡Gracias! Nunca tendré que preguntarme si comprendes mis necesidades más profundas o si escuchas mis súplicas. Haces más que escucharme, estás deseoso de darme plena atención. No existirá un solo momento en el que te pierdas de mi adoración, mi gratitud o mis súplicas.

Jesús siempre está dispuesto a escuchar mis oraciones, escucha mis pensamientos y responde toda necesidad o pregunta que yo tenga. Nunca me rechazará cuando clame por su nombre. Él pondrá atención con gran compasión. Siempre contaré con que me escucha y él siempre será fiel para responder.

El tesoro más grande

Me buscarán y me encontrarán,
cuando me busquen de todo corazón.

Jeremías 29:13 NBLA

Padre, por lo general solo voy y compro o bien, ando buscando algo que quiero de arriba para abajo. Cuando mi corazón se fija en algo, voy detrás de eso vorazmente y no me rindo. Por experiencia propia entiendo cómo se siente esa pasión. Sé que necesito buscar y correr detrás de ti en esa misma forma, incluso con más fuerza. Quiero que mi alma te desee más que lo que esta vida o mundo puede ofrecer.

Perdóname por las veces en que mis deseos se han ido totalmente fuera de equilibrio y no a tu favor. Mantenme consciente de la bendición, el gozo y la recompensa de buscarte diligentemente, así como de encontrarte.

Mi Dios salvador es el tesoro más grande que pudiera llegar a anhelar, a buscar y a obtener. Dediqué mi corazón completamente a aprender más de él, a pasar más tiempo con él y a buscarlo con toda mi devoción. Sé que cuando lo coloco como mi prioridad máxima, experimentaré en realidad la vida abundante que Él quiere para mí.

Hija del rey

Miren con cuánto amor nos ama nuestro Padre
que nos llama sus hijos, ¡y eso es lo que somos!
Pero la gente de este mundo no reconoce que somos
hijos de Dios, porque no lo conocen a él.

1 Juan 3:1 NTV

Padre, cuando considero tu majestad y la magnitud de tu grandeza, me siento insignificante. Cuando me ves, todavía ves a alguien que es digna para morir por ella. Me honra y sorprende la grandeza del afecto que sientes por mí. Me llamas tu hija y he sido adoptada por medio de la sangre de Cristo.

Me quedo sin habla y me conmueve al punto de querer gritar de gozo y alabanza. No deseo nada más que me guíes con tu sabiduría paternal. Cuando estoy segura y creo en fe que estoy sellada como tu hija eterna, nada en esta vida puede opacar el sentido de seguridad y pertenencia que me abruma. Soy verdaderamente tuya.

Soy hija del todopoderoso Dios y Él es mi padre. Me salvó el único y verdadero rey. Me regocijo mi linaje real, el cual tengo por su misericordia, gracia y amor. Proclamo que siempre seré suya y que Él siempre será mío. Por la eternidad, pertenezco a la familia de Dios.

Creada para una eternidad

Sin embargo, Dios lo hizo todo hermoso para el momento apropiado. Él sembró la eternidad en el corazón humano, pero aun así el ser humano no puede comprender todo el alcance de lo que Dios ha hecho desde el principio hasta el fin.

Eclesiastés 3:11 NTV

Padre, como creador del universo, has materializado muchos milagros. En tu tiempo perfecto, le hablaste al sol y a la luna, al mar y a la tierra, a las plantas y los animales y finalmente, al hombre a quien creaste a tu semejanza. Cada mañana me das aliento de vida. Haces que el sol se levante para traer calidez a mi ser. En toda esta bondad, todavía siento que no he llegado a mi satisfacción total. ¿Qué es lo que anhelo?

Cuando leo tu palabra, adquiero claridad. Eternidad. Has sembrado inmortalidad en mi alma. Has establecido planes y propósitos que no comprendo del todo. Sin embargo, estoy convencida de que, aunque este mundo es mi hogar, no me sentiré plenamente satisfecha hasta que viva por siempre en tu presencia.

El creador de todo me hizo específicamente a mí para estar en comunión y para existir siempre con Él. Sé que este mundo y todo lo que en él existe nunca será suficiente y que todo morirá. Proclamo que viviré con una expectativa llena de gozo y en paz, pues estoy segura de que un día viviré en el reino de Dios donde mis días nunca terminarán.

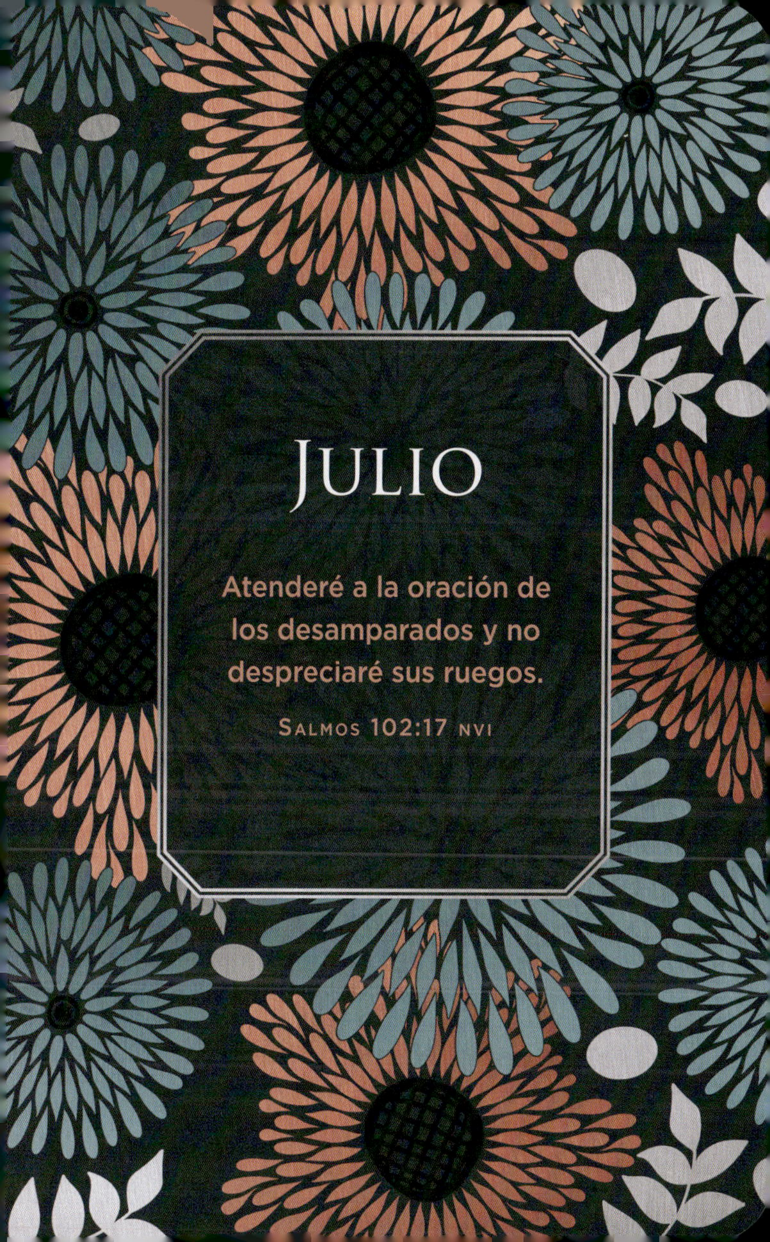
Julio
Atenderé a la oración de
los desamparados y no
despreciaré sus ruegos.
Salmos 102:17 NVI

Confianza en la oración

Gracias a Cristo y a nuestra fe en él, podemos entrar en la presencia de Dios con toda libertad y confianza.

Efesios 3:12 NTV

Padre, vengo delante de ti en humildad, pero también en el poder de tu Santo Espíritu. En tu palabra dices que recibiré lo que pida si la petición va con los motivos correctos. Ayúdame a revisar mi corazón cuando lo derrame ante ti por una petición específica. No puedo ver cómo solventar una situación y no sé qué hacer. Necesito tu sabiduría y necesito tu intervención.

Estoy agradecida de que no tengo que caminar sola en esta vida. No pelearé para encontrar las respuestas por mí misma, ni sufriré las consecuencias eternas de mis decisiones incautas. Por medio de Cristo, sé que me mostrarás el camino y harás que sea recto.

Cuando vengo a Dios en oración, Él me escucha y responde. Me acercaré con valentía y certeza, pues el velo se rompió gracias al sacrificio del hijo. Entro a su presencia con confianza de que me escucha. Mi Dios responderá. Recibiré su respuesta porque su fidelidad es grande.

FAMILIA ESPIRITUAL

Por esta causa, pues, doblo mis rodillas ante el Padre de nuestro Señor Jesucristo, de quien recibe nombre toda familia en el cielo y en la tierra.

EFESIOS 3:14-15 NBLA

Padre, gracias a que me salvaste y me adoptaste como tu hija, nunca tendré que preguntarme a quién pertenezco. Creaste a cada ser humano a tu imagen y esa es evidencia de que quieres que todos los seres humanos a los que creaste se conviertan en una gran familia.

También me he dado cuenta de que muchos te han rechazado. Por eso doblo mis rodillas ante ti y te suplico por esas personas en mi vida que han negado recibir tu gracia de salvación. Te suplico que te busquen y que entiendan la magnitud de tu amor por ellos. Oro para que quienes reciban a tu hijo experimenten el gozo de Cristo para que habite en sus corazones y aumenten su fe en el poder de tu Espíritu Santo. Dame la audacia y la necesidad de compartir tu maravilloso plan de salvación.

Jesús sacrificó su vida para que pudiera ser redimida y vivir eternamente con Él. Declaro que, por su gran salvación, ¡no puedo quedarme callada! Debo compartir y cumplir con la gran comisión. Estaré orando por las personas cercanas que no conocen a Cristo y poder tener las oportunidades para hablar la verdad que los guíe al arrepentimiento.

Fortaleza en el Espíritu Santo

Pido en oración que, de sus gloriosos e inagotables recursos, los fortalezca con poder en el ser interior por medio de su Espíritu.

Efesios 3:16 NTV

Padre, he golpeado un muro impenetrable. Me siento abrumada y agotada. He sobrepasado mis límites con el compromiso y sé que tu palabra dice que cuando soy débil, tú eres fuerte. Creo esa palabra como una verdad absoluta y suplico la fuerza que pueda darme tu suministro inagotable de poder para tener fuerza, para levantarme y para equiparme. Lléname con tu Santo Espíritu y permíteme lograr todo lo que has colocado delante de mí.

También pido que me des un sueño de paz y restauración cuando duerma por la noche. Cuando me despierte un nuevo día, renuévame, prepárame y lléname con pasión y propósito para tu reino glorioso.

Nunca logré nada por mí misma. Sirvo a Dios para quien todo es posible. Declaro que Él me ha dado todo lo que necesito en Cristo. Sus dones espirituales y audacia me llenan de poder para vivir con la única determinación de seguir con su evangelio y traer la salvación a otros. Podemos lograr lo imposible gracias a Jesús.

La provisión más maravillosa

Porque de tal manera amó Dios al mundo, que ha dado a su Hijo unigénito, para que todo aquel que en él cree, no se pierda, mas tenga vida eterna.

Juan 3:16 RVR1960

Señor, ¡qué gran amor te llevó a otorgarnos una gran salvación! Fue un enorme sacrificio dar a tu hijo unigénito por una pecadora como yo. Deseo hablar libremente y con tal vehemencia que toda persona a la que conozca, pueda decirles que no se tarden, que hoy es el día de recibir la salvación. Si ven con su corazón y llegan a creer que tu deseo para ellos es tan inmenso, que permitiste que tu único hijo llevara su pecado, entonces ellos podrían ser salvos. Su eternidad pende de la balanza.

Sé que quieres que todos se arrepientan. Ayúdame a estar lista con una respuesta para todo el que está abierto para escuchar. Gracias por este tiempo de gracia en donde todos los que creen en ti pueden entrar. Suplico por tener oportunidades que sean fieles para compartir el evangelio.

Jesús es todo lo que necesito para ser salva. Creo que su muerte en la cruz fue una muestra del gran amor que tiene por cada persona que haya vivido en el pasado o en el futuro. Creo que por medio del poder en el Espíritu Santo, proclamaré la verdad de la cruz a todo aquel que escuche.

Fortaleza en el Espíritu Santo

Pues el Señor es el Espíritu, y donde está el Espíritu del Señor, allí hay libertad.

2 Corintios 3:17 NTV

Amado Señor, eres como el viento que hace que las hojas susurren. Lo que mueve el follaje es invisible a simple vista; sin embargo, el poder es intensamente evidente. ¿No pasa lo mismo con tu Espíritu? Nos sorprende la posibilidad de que el santo consolador pueda estar en cualquier lugar, moverse sin ser visto y lograr grandes objetivos en nombre de aquellos que te aman. Me da confianza en los privilegios que tengo en ti.

Me siento con poder y libertad sabiendo que tengo un consolador, alguien que me acompaña y me anima. Así como el Espíritu se mueve para convencer al mundo de su pecado en justicia, ayúdame a atraer a muchos a la salvación.

Recibí perdón y vida eterna porque creo en Jesús, quien es el único camino, la verdad y la vida. Con todo gozo puedo decir que soy libre de las olas del pecado y de la muerte. Vivo sin deudas y sin temor, pues sé el futuro y quién lo sujeta.

Sabiduría de Dios

La sabiduría que desciende del cielo es ante todo pura y además pacífica, respetuosa, dócil, llena de compasión y de buenos frutos, imparcial y sincera.

Santiago 3:17 NVI

Dios, estoy tan agradecida por la verdad y perspectiva que da tu palabra. La Escritura me invita a pedir sabiduría y me aseguro de que, si la pido con fe, la recibiré. Señor, me doy cuenta de que, sin tu guía, tengo motivos ocultos que me llevan a tomar decisiones y acciones en la vida que están fuera de tu voluntad para mí. Confieso que, en ocasiones, corro para adelantarme mientras trato de resolver los problemas por mí misma.

Mi deseo es tener como resultado este versículo de hoy. Quiero que mi vida demuestre paz, bondad, servicio y honestidad, pero es claro que no puedo lograrlo sin ti. Te suplico que me des tu prudencia y discernimiento. Envía una bandera roja para levantar en mi espíritu cuando elijo otro camino ajeno al de depender en ti.

En fe, ahora suplico sabiduría. Sé que recibiré todo lo que pida del Señor. Creo que esta palabra siempre es confiable. Tendré las evidencias de su conocimiento y dirección en mi vida con todo lo que Él ya me ha compartido y con su respuesta a mi oración.

Sin condenación

Dios no envió a su Hijo al mundo para condenar al mundo, sino para salvarlo por medio de él.

Juan 3:17 NVI

Señor, en este mundo existe una repetición continua de juicios. Excluyen a las personas por sus creencias u opiniones, lo que se ha convertido en la práctica de anulación que usa nuestra sociedad. Con frecuencia tengo duda de qué decir sobre lo que pienso, tengo temor al conflicto o al rechazo y sé que otros se sienten de igual forma.

Te agradezco porque puedo contarte todo, mi Padre celestial, puedo tener confianza y no temo que te alejes, porque no lo harás. Eres el epítome de la aceptación y el afecto incondicional. Mi gran preocupación es que todos puedan entender la magnitud de tu amor y puedan venir al arrepentimiento. No debo temer que me reprobarás ni tú y menos los demás, ya que puedo vivir libremente el gran amor de todos, el amor de tu hijo crucificado y resucitado.

Nunca debo temer condenación porque confío y amor a mi salvador. Mi presente y mi futuro es seguro. Gracias a la cruz, no enfrentaré juicio. Ahora soy salva, y así será por la eternidad, porque me ha dado el gran regalo de la salvación.

EL CÁNTICO DEL PODEROSO GUERRERO

Porque el SEÑOR tu Dios, está en medio de ti como poderoso guerrero que salva. Se deleitará en ti con gozo, te renovará con su amor, se alegrará por ti con cantos.

SOFONÍAS 3:17 NVI

Amado Señor, tus dos funciones como guerrero poderoso y un salmista compasivo desconciertan y, por otro lado, son emocionantes. El ser más grande de todos los tiempos es mi Dios protector y triunfante, quien a su vez me cuida con ternura. Es el romance más hermoso.

Es difícil de comprender que yo, una criatura hecha del barro, valgo tanto para ti al punto de que sacrificaras a tu único hijo por mí. Cuando lo deseas, me llenas de gracia y alejas el castigo de mí, lo reemplazas con tu voz gloriosa en ese cántico de gozo. Espero crecer para entender la profundidad, la anchura y la expansión de tu devoción. Es un amor que solo puede nacer en el corazón de mi Padre celestial, el creador y rey del universo.

Declaro que el Señor es mi salvador, mi libertado y el que me ama. Entona melodías de su amor bondadoso hacia mí, en un poder maravilloso y en una devoción apasionada. No existe nada que Él no pueda hacer y todo lo que hace, lo hace en su perfecta voluntad y para el bien de su pueblo.

Promover la paz

Y la semilla cuyo fruto es la justicia se siempre en paz por aquello que hacen la paz.

Santiago 3:18 NBLA

Dios, me he dado cuenta de que cuando mis acciones se originan en motivos impuros, nada bueno surge de ello. Tal vez siento que he tenido éxito temporal, pero al final, veo que la verdad gana. El error de mi forma de actuar impetuosa se revela, lo que provoca que sabotee cualquier posible fruto bueno.

Perdóname cuando elijo mi imprudencia, mi egoísmo sobre tu sabiduría y tus planes perfectos. Acércame para que busque tu liderazgo. Ayúdame a escuchar tu voz de instrucción y seguir con obediencia para que el resultado sea bueno a tu vista. Quiero vivir en tranquilidad como una pacificadora justa y enfocada en complacer a mi Padre santo. Hazme una embajadora para Cristo que actúe en rectitud y que derrame de la fragancia de Jesús a donde vaya.

Los caminos de Dios son mejores que los míos y están garantizados como el mejor resultado posible. Dios ve lo que yo no veo, ya sea bueno o malo. Me guiará eternamente y yo buscaré estar en su camino durante todos mis días para que pueda dejar un legado como hija pacificadora de Dios.

ABRE LA PUERTA

«¡Mira! Yo estoy a la puerta y llamo.
Si oyes mi voz y abres la puerta, yo entraré
y cenaremos juntos como amigos».

APOCALIPSIS 3:20 NTV

Jesús, elijo invitarte a cada minuto de mi vida hoy. Quiero hacer lo mejor que pueda para complacerte, aunque tengo momentos en los que olvido que estás ahí. Me siento abrumada por las actividades diarias y reacciono en una forma distinta a la de una hija de Dios. Gracias porque cuando eso sucede, no te alejas de mí porque me he comportado mal. Me llamas con dulzura para que me arrepienta y me llevas de vuelta a la relación que tengo contigo. Volvemos a caminar juntos y disfruto en tu perdón y tu amor incondicional.

Haz de mi corazón tu hogar y cuando tenga demasiada necesidad de una limpieza profunda, sé que me lo harás ver de una forma compasiva. Restaurar mi conexión contigo se logra mediante la confesión.

Mi salvador siempre está conmigo, nunca me pierde de vista. Su cuidado amoroso y tierno es mi constante compañía. Declaro que lo quiero conmigo a cada segundo y en cada aspecto de mi vida. Me encuentro totalmente en sus manos.

El poder de Dios

Y a Aquel que es poderoso para hacer todo mucho más abundantemente de lo que pedimos o entendemos, según el poder que obra en nosotros.

Efesios 3:20 NBLA

Padre, de acuerdo con tu palabra, el poder que hay es mí es mucho más grande de lo que puedo comprender. Aun así, es un poder real y está en mí. Efesios 1:19-20 dice que este poder es igual al que levantó a Jesús de la muerte. Es tan difícil de entender, pero debo creer y actuar conforme a él porque elimina todas mis limitaciones y me da la capacidad de hacer todo en ti.

Debo pensar de una forma más amplia. Quiero que mi fe se ensanche al punto en que pueda aceptar y usar esta fuerza omnipotente. Ese es tu regalo y tu voluntad para mí. Dudar de este poder o no usarlo hará que me convierta en una sierva holgazana, por lo que te suplico ayuda para me ponga de pie en cada aspecto de autoridad que me hayas dado en Cristo.

Dios me dio un regalo dinámico al darme la oportunidad de tener acceso a la grandeza de su poder. Estoy sorprendida de que me haya elegido, pues no solo me creó, sino que obra en mí con gran poder que solo Él puede tener. Dios hace todas las cosas posibles.

Cuerpos gloriosos

Él tomará nuestro débil cuerpo mortal y lo transformará en un cuerpo glorioso, igual al de él. Lo hará valiéndose del mismo poder con el que pondrá todas las cosas bajo su dominio.

Filipenses 3:21 NTV

Padre, me siento agotada del dolor, las penas y la presión que la vida diaria pone en mí. Me siento angustiada por el mundo quebrantado que me rodea. Sé que diste libertad para poder decidir en este punto de la historia y, aun así, anhelo que llegue el día en toda rodilla se doble ante ti. Todo caerá bajo tu dominio.

Estoy agradecida por el regalo de la gracia que llama a todo arrepentimiento y siglo anhelando el nuevo cielo y la nueva tierra donde habitaremos contigo, con cuerpos que ya no se deteriorarán. Mi oración es que el mundo pueda darse cuenta hoy de que ha llegado el día de salvación. Anhelo desesperadamente poder acercarme a ti lo más que sea posible y anhelo regresar a ti pronto.

Creo que pronto llegará el día, espero que muy pronto, cuando la novia de Cristo reciba el llamado de regresar a casa y estar con el Señor por la eternidad. ¡Qué día más glorioso será! Anhelo estar con mi Dios en la belleza de su reino celestial.

Misericordia cada mañana

Que las misericordias del Señor jamás terminan, pues nunca fallan sus bondades; son nuevas cada mañana; ¡grande es tu fidelidad!

Lamentaciones 3:22-23 NBLA

Padre, ¡te alabo! Cuando despierto cada mañana, no solo sé que he empezado otro día rodeada de tu presencia, sino también sé que has dejado ilimitadas misericordias sobre mí en este nuevo día. La confianza que posees es constante. Me consuela saber que siempre estarás conmigo, mientras viva y si muero. No existe un solo lugar al que pueda ir en donde no me acompañes, nada puede separarnos. Tu afecto por mí es más grande que mi entendimiento finito podría imaginarse, nunca terminará.

¡Qué maravilloso amor! Nunca podría ni ganarlo ni merecerlo. A pesar de eso, me lo otorgas libremente, no me exiges nada a cambio, sino que me lo das en el sacrificio de tu hijo. Me llenas de honra de una forma que no puedo expresar. Gracias por todo lo que soy y porque me rodeas con tu buena y perfecta voluntad.

Conozco a Dios en toda su bondad, fidelidad y poder. Este mundo no entiende cuán bondadoso y compasivo es Él. No conocen que su carácter lo define el amor y la misericordia. Prometo estar más alerta de hablarles a otros de cuán maravilloso es Dios.

Confianza en la cruz

Dios nos hace justos a sus ojos cuando ponemos nuestra e en Jesucristo. Y eso es verdad para todo el que cree, sea quien fuera. Pues todos hemos pecado; nadie puede alcanzar la meta gloriosa establecida por Dios.

Romanos 3:22-23 NTV

Jesús, no quiero ni llegar a pensar cómo sería mi destino si tú no estuvieras conmigo. Estoy tan agradecida de que diste tu vida por una pecadora como yo. Tú eras perfecto mientras yo vivía en desobediencia hacia ti, pero con tu gran amor te pusiste en mi lugar, te sometiste a mi castigo, a una tortura de sufrimiento inimaginable y a una terrible muerte. Esa muerte debía haber sido la mía, pero en lugar de ello me diste todo. Solo pides que crea, que eso me hará recta ante tu vista.

Muchos rechazan esta verdad porque creen que es demasiado simple, pero en mi caso, es un acto del sacrificio más hermoso de todos los tiempos. Debo admitir con todo mi corazón que sigo siendo imperfecta, por lo que dependo de la cruz y confío en mi salvador.

Declaro que, por la muerte y la resurrección de mi salvador y Señor, tengo garantía y esperanza en el conocimiento de que he sido perdonada. Dios desechó todas mis impurezas y me hizo justa en Cristo. ¡Me regocijaré!

Trabajo para Dios

Todo lo que hagan, háganlo de corazón, como para el Señor y no para los hombres, sabiendo que del Señor recibirán la recompensa de la herencia. Es a Cristo el Señor a quien sirven.

Colosenses 3:23-24 NBLA

Señor, cuando se trata de mi trabajo, mi vida familiar y mis actividades, me doy cuenta de que actúo para complacer a una persona o a mí misma. Trato de decirme que todo lo hago por ti, pero a veces no es el caso. Tu palabra me llama a trabajar y a servirte a ti primero, por encima de todo, y ahí se inicia el debate en mi cabeza. ¿Cómo hago todo para ti? ¿Cómo podré llegar a hacerlo?

Luego recuerdo: no ves la fuerza física ni la mental detrás de mis esfuerzos, pero en lugar de ello, lo que ves es el motivo que nace en mi corazón. No te basas en los resultados, sino recompensas mi rendición, mi fe y mi compromiso. Ayúdame a recordar que debo rendirte cuentas solo a ti y que solo a ti te debo entregar todo lo que soy. Sé que cualquier cosa que haga es posible porque tú eres quien la hace por medio de mí.

A partir de este día me esforzaré conscientemente para recordar que trabajo para Cristo, para su reino y para ampliar el evangelio. Su aprobación es todo lo que necesito o busco.

Dulce sueño

Al acostarte, no tendrás temor alguno;
te acostarás y dormirás tranquilo.

Proverbios 3:24 NVI

Padre, sé que tengo dificultades para dormir. Cuando me acuesto, el enemigo de mi mente empieza a hacer ruido. Me susurra preguntas como: ¿recuerdas este problema? ¿Qué vas a hacer con todos estos pendientes? ¿Recuerdas que tu amiga está molesta contigo? ¿Qué pecado estás ocultando? Frecuentemente, dejo que mi tormenta mental siga por mucho tiempo hasta que le digo a Satanás que se detenga. Lo logro solo por medio de clamar tu presencia y tu protección. Me enfoco en la verdad del versículo de hoy, pues tu deseo es que pueda acostarme y dormir en paz.

El miedo nunca debería interrumpir mi descanso. Estás conmigo cuando sueño, me cuidas y me envías una noche que me restaura y reanima. Gracias por ser Jehová Sama «Dios está aquí». Dios, nunca me dejarás.

De ahora en adelante, desviaré todo ataque de mi mente en el instante y traeré mis pensamientos cautivos al trono del Señor. Me regocijo de que cuando me acueste, tendré la seguridad de que sus ojos están sobre mí. Su deseo es que tenga un descanso de paz.

Esperar en quietud

El Señor es bueno con los que dependen de él,
con aquellos que lo buscan. Por eso es bueno esperar
en silencio la salvación que proviene del Señor.

Lamentaciones 3:25-26 NTV

Padre, la vida está llena de sorpresas. Estoy tranquila al pensar que puedo depender en ti, sin importar si los tiempos son buenos o malos. Me consuela esa verdad que dice que sin importar la dificultad que enfrente, te encontraré al buscarte. Me regocijo en saber que todo lo que haces es para mi bien. Cuando celebro algún logro, me sonríes y te complaces en mí.

En esas ocasiones, cuando no sé con exactitud cuál será el siguiente paso, me siento en silencio a tus pies. Sé que escucharé tu voz que me dirá a dónde ir, si a la derecha o a la izquierda. Me aseguras que irás delante de mí y que conoces todos mis caminos. Tengo confianza al permanecer como pámpano de la viña en fe y en seguridad.

No caminaré en mi propia prudencia. Seguiré el liderazgo de mi Padre celestial en todo momento. Declaro que Él me conoce mejor. Siempre trabaja en lugares impensables en mi nombre. Todo lo que necesito hacer es esperar y confiar. Toda mi dependencia está en Él y en su buena y perfecta voluntad para mí.

Nuestra confianza

Porque el Señor será tu confianza,
y guardará tu pie de ser apresado.

Proverbios 3:26 NBLA

Señor, en ocasiones me siento con mucha valentía, pero en otras, me siento temerosa de mi propia sombra. No entiendo cómo puedo cambiar tan rápidamente entre tener confianza y timidez. Es como si se tratara de un caso de mucho orgullo o mucho temor. No quiero tener nada de eso, sino inclinarme a ti y confiar en fe de que eres mi confianza.

Ayúdame a recordar que eres el guerrero poderoso que me salvó. Seguirás protegiéndome hasta que me llames al hogar celestial. Diseñaste mi destino y puedo estar segura de que mi camino es transparente y mi caminar es seguro. Serás fiel para cumplir tu buena y perfecta voluntad en mi vida, aquí y en la eternidad.

Sé que para el Señor nada es imposible, puedo hacer todo en Cristo. Declaro que mi salvación está segura. Mi valentía viene de él, quien me cubre y me tiene segura en la sombra de sus alas. Creo en su promesa de que estará a mi lado y que siempre estaré segura.

Mi libertador

Pero el Señor es fiel; él los fortalecerá
y los protegerá del maligno

2 Tesalonicenses 3:3 ntv

Señor, tú reinas en todo el universo. No hay nadie más grande que tú. Incluso cuando el enemigo planea un ataque intenso, sus intensos son fracasos abismales comparados a tu fidelidad y fortaleza. Eres Dios soberano y gobiernas sobre toda la creación. Confío en ti y sé que siempre estará de mi lado. Ninguna arma que se forje contra mí prosperará. Ningún plan malvado de Satanás prosperará. Eres mi fuerza y mi escudo, eres quien me llena de valentía para derrotar el mal.

Estoy agradecida de que tu palabra sea la luz de sabiduría sobre mi camino. Cuando actúo en obediencia, el miedo se va y permanece cada razón que me permite estar segura de una victoria. Nada podrá herirme, porque tú eres mi libertador. No existe nadie que sea más poderoso que tú.

Sirvo al único y verdadero Dios que está por encima de toda sabiduría, conocimiento, discernimiento y poder. Dios es el creador, salvador, defensor y el amante de mi alma. Sé que me guarda de todo mal y que me ha destinado a ser victoriosa y a estar bajo la protección de su amor eterno y lleno de ternura.

Armadura firme

Pero Tú, oh Señor, eres escudo en derredor mío,
mi gloria, y el que levanta mi cabeza.

Salmos 3:3 NBLA

Padre, perdóname por todas esas veces en las que olvidé tu presencia poderosa en mí. Cuando las situaciones difíciles aparecen, me lanzan a un ciclo de ansiedad en donde el temor se convierte en mi caída. Si fui yo quien provocó el problema, todo empeora cuando trato de defenderme, pues termino en un problema más profundo. Estoy muy consciente de que estos ciclos solo me conducen a sentirme presionada, preocupada y llena de estrategias de fracaso, lo admito con mucho dolor.

Confieso que no he confiado en ti como mi libertador. Muchas veces ni siquiera traigo ante tu fe mis crisis. Ayúdame a recordar que, si te busco, me darás todo lo que necesito. Sé que me guiarás y me darás la tenacidad para enfrentar toda prueba. Eres mi armadura firma y segura.

Dios es mi rey, mi defensor y el poder que me protege y guía. Declaro que mi deseo es buscarlo antes de empezar a siquiera pensar en una solución para mis circunstancias. Sé que tiene todas las respuestas. Cuando me coloco en sus manos, estoy segura.

Nunca me abandona

Pues el Señor no abandona a nadie para siempre. Aunque trae dolor, también muestra compasión debido a la grandeza de su amor inagotable.

Lamentaciones 3:31-32 NTV

Padre, sé que no dejarás que nada se acerque a mi vida, si esto no es para mi bien. Sin embargo, en estos momentos me siento lastimada. En ocasiones me pregunto por qué las situaciones toman cierto rumbo. No obstante, conozco tu carácter. Eres bondadoso, cuidadoso y misericordioso. Estoy segura de que nunca me abandonarás y que siempre me amarás, pero es que simplemente no entiendo por qué existe tanto dolor en esta vida.

Estoy agradecida de que llegará el día en que limpies todas mis lágrimas, tal como lo has prometido. La miseria nunca podrá afectarme de nuevo. Te ruego que vengas pronto a transformarme a un cuerpo perfecto y que así, vivir en el paraíso contigo por siempre.

Incluso cuando no entienda este tiempo difícil, sé que el Señor me llevará sobre sus hombros. Creo que Él tiene un propósito para mí. Estoy agradecida de que incluso cuando caigo en el desánimo y me vuelvo infiel, Dios permanece fiel. Mi carne puede fallar, pero Él siempre me llevará a través de la victoria.

DIOS NOS EQUIPA

No que seamos suficientes en nosotros mismos para pensar que cosa alguna procede de nosotros, sino que nuestra suficiencia es de Dios.

2 Corintios 3:5 NBLA

Padre, cuando pienso en que tendré una nueva tarea en el ministerio, me emociono. Me siento honrada de que quieras usarme. Pero después, cuando empiezo a pensar en todo el trabajo y travesía que conlleva, empiezo a preocuparme. Me pregunto si soy lo suficientemente capaz para tomar esta tarea.

Cuando me preocupe por un compromiso que estoy por hacer, llévame a este versículo. Es un hermoso recordatorio de que solo soy la vasija, pero tú eres el poder que obra a través de mí. Recibo mi confianza al saber que todas las cosas son posibles contigo y de que has prometido que estarás conmigo, equipándome. Seguiré adelante con el conocimiento de que puedo hacerlo todo en ti.

El Señor Dios poderoso no tiene límites en su poder y es suficiente. En Cristo, me ha dado todo lo que necesito para cumplir con su voluntad. Me conduciré con audacia, con el conocimiento de que Él es el único que nos da las capacidades y que nos permite tener resultados en lo que hacemos. Me comprometo a su servicio con la certeza de que cumpliré su plan.

DEPENDENCIA

Confía en el SEÑOR con todo tu corazón, y no te apoyes en tu propio entendimiento. Reconócelo en todos tus caminos, y Él enderezará tus sendas.

PROVERBIOS 3:5-6 NBLA

Padre, te conozco y confío en ti completamente, entonces ¿por qué dudo cuando pienso que ha escuchado las instrucciones de tu voz? Primero pido tu guía y después me desvío. Empiezo a pensar que, si tengo una perspectiva limitada, ¿será que realmente te había escuchado?

Ayúdame a reconocer tu voz inmediatamente y actuar conforme a tu consejo. Sé que, si me encamino bajo mi propia prudencia, lo más seguro es que fracasaré, pero la verdad de tu palabra dice que, si escucho y obedezco, me permitirás llegar al objetivo. No quiero ir a ningún lugar o hacer algo que no esté en tu voluntad. Dame discernimiento y reverencia cuando se trate de seguirte. Ayúdame a depender exclusivamente de ti.

Padre celestial, declaro con todo mi corazón que, a partir de este día, me sentaré a los pies de mi Padre, escucharé atentamente su voz y dependeré exclusivamente de su dirección para mi vida. Deseo que me bendiga y quiero honrarlo en todo lo que haga. Confiaré en Él con todo mi corazón y me rendiré a todo lo que pida de mí.

Llena y renovada

Él nos salvó, no por nuestras propias obras de justicia, sino por su misericordia. Nos salvó mediante el lavamiento de la regeneración y de la renovación por el Espíritu Santo, que él derramó sobre nosotros abundantemente por medio de Jesucristo nuestro Salvador. Así lo hizo para que, justificados por su gracia, llegáramos a ser herederos que abrigan la esperanza de recibir la vida eterna.

Tito 3:5-7 NVI

Padre, me abruma con gran gozo y gratitud saber que me has salvado. No podría hacer nada en mis propias fuerzas para ser redimida, sino solo tu gracia por la que he sido perdonada y transformada. Creo, a pesar de que es un pensamiento demasiado grande para que pueda comprenderlo por completo. Cuando pienso en el hecho de que me escogiste primero y me adoptaste como tu hija, sé que se trata de algo maravilloso para quedarse solo en palabras.

Me has limpiado mediante la sangre de Cristo; te pertenezco. Tengo incluso más de lo que alguna vez hubiera podido desear o incluso necesitar. Todo en este mundo palidece en comparación a tu gran amor y a toda la esperanza de vida en tu eternidad.

Soy nueva criatura por la cruz de Cristo y la llenura de su Espíritu Santo. Sé que nunca me ha ocultado los buenos planes que tiene para mí. Siempre me ha dado lo mejor que tiene. Recibo su justificación generosa en su gracia, en donde encuentro mi salvación e identidad en Jesús.

Bendiciones por batallas

No devolviendo mal por mal, o insulto por insulto, sino más bien bendiciendo, porque fueron llamados con el propósito de heredar bendición.

1 Pedro 3:9 NBLA

Señor, en ocasiones tus caminos son difíciles para seguir en ellos. Cuando alguien más me ha lastimado o ha herido a alguien a quien amo, mi reacción interna —y a veces externa—, no suele ser una conducta que te agrade. Mis emociones se encienden por la insensibilidad y crueldad de otras personas. No quiero responder de esta forma, pero pareciera que no puedo controlarme.

Te necesito desesperadamente, no solo para que me des dominio propio, sino para que me recuerdes que mis batallas no son contra sangre ni carne. Cuando surge una situación así, ayúdame a responderla como tú quisieras. Ayúdame a bendecir en lugar de maldecir. Si devuelvo el mal con bondad, sé que te estaré honrando.

Con el poder del Espíritu Santo, puedo reaccionar a cualquier circunstancia en una forma en la que señalaré la bondad y el amor de Dios. Efesios dice que tengo el poder de Dios, el mismo poder que él ejerció cuando levantó a Cristo de la muerte. Declaro que usaré esa capacidad completamente cuando trate con las acciones incorrectas de los demás.

Nadie debería morir

El Señor no tarda en cumplir su promesa, según entienden algunos la tardanza. Más bien, él tiene paciencia con ustedes, porque no quiere que nadie perezca, sino que todos se arrepientan.

2 Pedro 3:9 NVI

Padre celestial, tú deseas que todos lleguemos al arrepentimiento y la prueba de ello es cuán grande es tu amor y bondad. Saber que te tomas tu tiempo porque quieres que muchos más se arrepientan podría considerarse como que te atrasaste, pero en mi caso lo veo como una gracia extraordinaria.

Te suplico para que mes ojos que puedan ver a aquellos que están al borde de entregarte su corazón. Quiero ser audaz al compartir la verdad de tu salvación. Pido que muchos que están conscientes de tu amor, pero que todavía no han entregado su vida a ti, se den cuenta de que hoy es el día de salvación. Pueden asegurar su posición en la eternidad contigo solo con creer en el nombre de tu hijo Jesús.

Declaro que no hay otro camino ni otro nombre por el cual podemos ser salvados que el de Jesucristo. Sé que me ha sido entregada la gran comisión y que tengo el poder de Dios para hablar la verdad. Buscaré a aquellos que no conocen a Jesús y compartiré la verdad de su gracia de salvación.

Salvación y fortaleza

En el arrepentimiento y la clama está su salvación,
en la serenidad y la confianza está su fuerza.

Isaías 30:15 NVI

Padre, sé que el único camino a la salvación en Cristo es el que me lleva a creer en ti, a confesar mi pecado y a alejarme de él para ser salva. Ayúdame a encontrar descanso y confiar en tus promesas, en lugar de dejarme llevar por las dudas o inquietudes. Puedo encontrar mi seguridad en ti porque sé que mi redención se ha logrado gracias al sacrificio de Jesús en la cruz.

He sido revivida, renovada y restaurada porque eres fiel a tu palabra. Cumplirás la buena obra en mi vida, la que preparaste incluso antes de que yo naciera. Cuentas cada uno de mis días y llenarás cada uno de ellos. Cuando llegue el final de mis días, entraré a la eternidad y ahí estaré contigo por siempre. Por todo ello, te alabo sin cesar.

En su sabiduría, nuestro Padre nos ha dado todo lo que pudiéramos necesitar o esperar. Declaro que mi salvación y eternidad provienen del Señor. Sin el hijo, nunca podría entrar a la presencia trina de Dios. Descanso en la verdad absoluta de que no puedo hacer nada, pues Jesús tomó mi lugar y pagó mi deuda.

Justicia llena de gracia

Por tanto, el Señor desea tener piedad de ustedes, y por eso se levantará para tener compasión de ustedes. Porque el Señor es un Dios de justicia; ¡cuán bienaventurados son todos los que en Él esperan!

Isaías 30:18 NVI

Padre, sé que cuando me desvío tú esperas a que regrese arrepentida para que puedas restaurarme con gracia. No te veo enojado, sino misericordioso. Quieres que me libere de mi pecado y que me acerque a ti. Eres Dios grande y maravilloso, quien me ama de forma extravagante. Algo en lo que quisiera enfocarme es en ese pensamiento que olvido por conveniencia, y es que también eres Dios de justicia, en especial cuando estoy consintiendo el pecado.

No cierras los ojos a mi transgresión, pero me perdonas inmediatamente cuando te lo suplico. Me bendices y me invitas a tu presencia para limpiarme a fondo de mi culpa. Gracias por ser todo para mí, el amante de mi alma, mi rey y mi redentor.

Quiero gritar desde lo más alto sobre la compasión y la gracia, así de lo sorprendente que es Dios. Declaro que Dios revela su fidelidad, su cuidado constante y su amor sobreabundante al enviar a su hijo en mi lugar. Quiero que el mundo lo vea como realmente es. Proclamaré su bondad a todos.

En su tiempo

Oh Señor, Dios mío,
a ti pedí auxilio y me sanaste.

Salmos 30:2 NBLA

Padre, conozco lo que se siente estar cansada y agotada después de meses de lucha, de largas noches sin dormir y mañanas repetitivas que no traen nada en qué creer. Clamé a ti, derramé muchas más lágrimas de las que pensé que podía producir. Acepto que en ocasiones me llené de pánico porque no descansaba en ti. Sin embargo, y como siempre, tú permaneciste fiel hacia mí y me convenciste de tu presencia. Seguí buscándote y me di cuenta de que estabas trabajando constantemente a través de esta dificultad y momento doloroso. Nunca hubo un solo instante en que yo, o mi situación, escapara de tu mente.

¡Te alabo por tu obra maravillosa! Tu respuesta a mi prueba es más de lo que hubiera pedido. Me trajiste sanidad y restauración completa y te adoraré por siempre.

Dios es Dios todopoderoso, fiel, resplandeciente y milagroso. Declaro que sirvo al Dios altísimo, que es sanador, proveedor, el buen pastor, mi justificador y mi santo rey. Él es el Dios que nunca me abandona y siempre me responde de la mejor manera, en su tiempo perfecto.

El camino correcto

«Este es el camino, anden en él»,
ya sea que vayan a la derecha o a la izquierda.

Isaías 30:21 nbla

Precioso Padre, no puedo expresar toda mi gratitud por tu guía llena de amor. Me sentía presionada y confundida sobre qué hacer y qué camino tomar. Lamento tanto que desde el comienzo haya querido descifrar todo por mi cuenta. Lamentablemente, sigo fallando cuando en ocasiones me dirijo por mi propia prudencia, por lo que te suplico en oración que sigas obrando en mí en esas áreas.

No quiero malgastar ningún momento de la vida al tratar de regresar al camino que quieres enviarme. Tienes un plan y sé que siempre es el mejor plan. Estoy agradecida de que me acercas a ti y me susurras gentilmente: «No, por ahí no. Ve por este otro camino». Seguiré tu voluntad y no la mía, por mi bien y para tu reino.

Estoy tan agradecida de que sirvo al único y verdadero Dios que es todopoderoso y profundamente personal. Dios gobierna el universo y a pesar de eso, se preocupa por contar cada uno de mis cabellos. Confirmo que no existe ni otra dirección a la que quiera ir, más que la que Dios me ha ordenado. Declaro que seguiré al Señor todos mis días.

BONDAD MAGNÍFICA

Qué grande es la bondad que has reservado para los que te temen. La derramas en abundancia sobre los que acuden a ti en busca de protección, y los bendices ante la mirada del mundo.

SALMOS 31:19 NTV

Padre, cuando imagino tu almacén lleno de buenas dádivas para todos los que te adoran y cuán generosamente las derramas sobre ellos, me siento aturdida. Soy tu hija y te respeto, pero también estoy asombrada porque siempre me quieres bendecir exponencialmente.

Me siento honrada y privilegiada de ser tu hija. Sé que deseas que todos nos acerquemos en arrepentimiento y recibamos el perdón que trae la seguridad eterna en Cristo. Actúas con bondad en una forma que impactas a todos y es para que puedan ver cuánto bendices y proteges a los que te aman. No haces esto para alardear, sino para atraer a la mayor cantidad posible de personas. Quieres salvar a cada uno en el mundo, pues amas y entregas la misma enorme gracia a todos los que has creado.

Dios es grande, siempre bueno e increíblemente benevolente para quienes lo aman. Dios revela su bondad para que el universo pueda ver cuán grande es su amor por su creación. Declaro que ningún ojo ha visto y ninguna mente puede concebir lo que el Señor ha preparado para aquellos que lo aman.

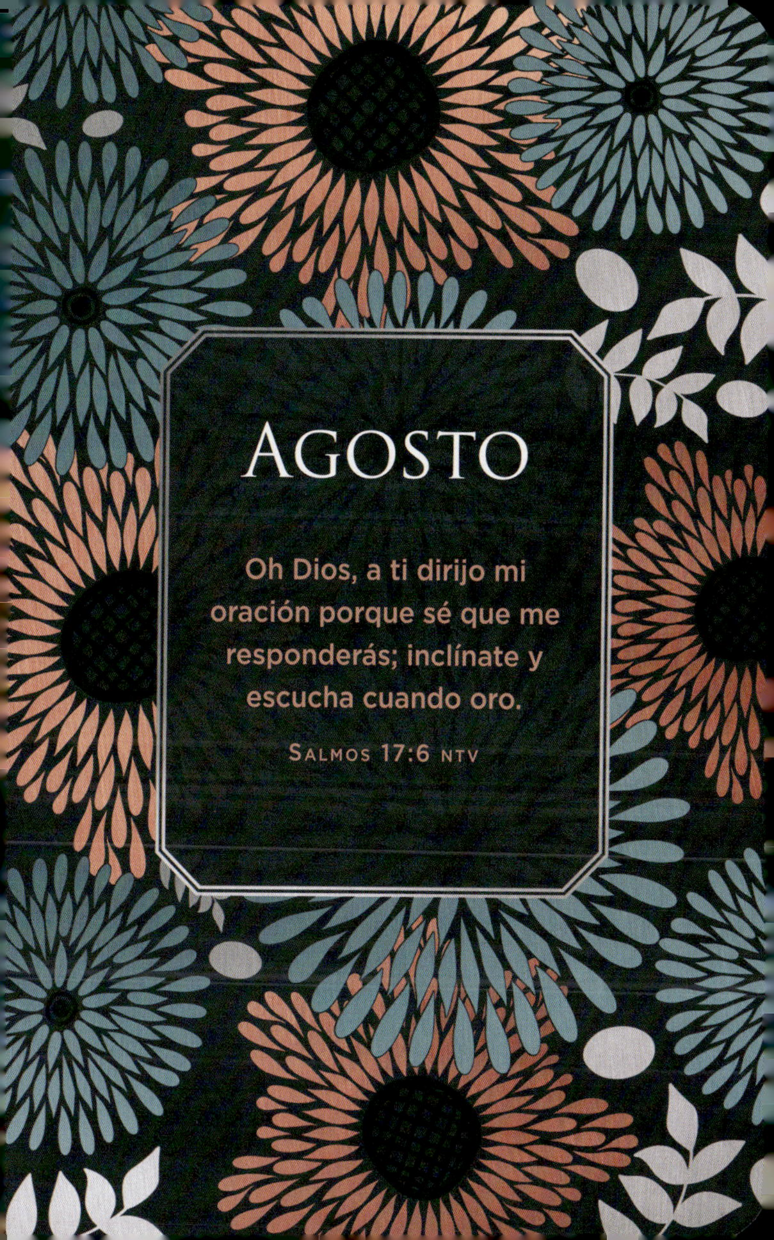
AGOSTO
Oh Dios, a ti dirijo mi oración porque sé que me responderás; inclínate y escucha cuando oro.
SALMOS 17:6 NTV

AGUA QUE SACIA

Daré de beber a los sedientos
y saciaré a los que estén agotados.

JEREMÍAS 31:25 NVI

Padre, qué gran consuelo y gozo saber que cuando estoy casi por desfallecer, ahí estás para fortalecerme. Ya sea que se trate de cansancio físico o fatiga por llorar demasiado, tu medicina me sana y restaura. A pesar de eso, a veces me tardo a acudir a ti y me resbalo en el lodo de mi propia condición, lo que hace que me sienta un poco mal por mí misma.

Ayúdame a ignorar esa parte lastimera y venir a ti de inmediato, la fuente de vida, la que hace que todas las cosas sean nuevas. Sé que encontraré reposo y sentiré un reavivamiento que me satisfará porque mi Padre celestial es el que obra en mí. Gracias por ser mi perfecto salvador, quien es sabio y lo sabe todo y quien siempre me dará lo que necesito.

Mi Padre celestial tiene una sabiduría infinita, un poder ilimitado y un amor lleno de ternura para mí. Reconozco que Él es Dios del universo. Incluso siendo Dios, vela por mí, por esta pequeña sierva, y se preocupa por mi cansancio. Declaro que correré a Él con una expectativa de gran gozo por esa sanidad compasiva.

El amor más grande

«Con amor eterno te he amado;
por eso te he prolongado mi fidelidad».

Jeremías 31:3 nvi

Señor, tú sabes que, en las profundidades de mi corazón, mi clamor más lejano es el de que me conozcan, me entiendan y me amen. Deseo tanto ese afecto que pueda encerrar todas las áreas y si no llego a lograrlo, mi alma podría quedarse vacía. Sin embargo, tú llenas ese vacío. Tú, Dios de toda la creación, fuiste quien me amó primero. ¡Me llena de honra y de emoción!

Antes de que incluso haya pensado en ti, ya estaba destinada a ser tuya. Me llamaste para que saliera de la oscuridad a tu luz admirable, me llamaste con tu voz de compasión. Me elegiste y prometiste que, si creía en tu nombre, habitaría en tu presencia por la eternidad. Me sorprendes con tu bondad abundante. Estoy agradecida de pertenecerte y de vivir tu amor, el amor más grande de todos.

No hay nadie que se asemeje a Dios todopoderoso. Su amor parece muy bueno para ser cierto, pero es real. Me ha bendecido con su amor abundante. Lo buscaré con cada onza de mi ser. Viviré llena de su Espíritu y viviré para su gloria.

ÉL VA DELANTE DE MÍ

El SEÑOR irá delante de ti; Él estará contigo, no te dejará ni te desamparará; no temas ni te acobardes.

DEUTERONOMIO 31:8 NBLA

En el pasado, Padre, creía que te necesitaba, pero en realidad no, era mucho más que eso. Ni siquiera hubiera podido tomar un siguiente suspiro, dar otro paso, a menos que tú me lo permitieras. Me siento paralizada por lo que sé que está por venir y lo que debo hacer para atravesar esa situación. Es impactante y ni siquiera puedo pensar cómo podré mantenerme firme.

Te alabo, siempre vas delante de mí. Ves por dónde voy, incluso cuando camino en la oscuridad, atemorizada de lo que podría encontrarme. Luego me acuerdo de ti y me siento animada de saber que estás ahí. No me dejarás sola. No tengo que preocuparme, porque el que me creó y diseñó mi destino sabe cómo llegar. Él me guiará con seguridad.

Declaro ante los cielos, que nunca ha habido un solo segundo en el que el cuidado fiel de mi Señor no me haya acompañado y me haya rodeado. Confirmo que lo seguiré con confianza plena todos los días de mi vida.

La justicia de Dios

El producto de la justicia será la paz;
tranquilidad y seguridad perpetuas serán su fruto.

Isaías 32:17 NVI

Padre, aunque no tengo justicia por mí misma, he recibido tu justicia por medio de Jesucristo. Todo lo que tenía por ofrecer eran vestiduras rasgadas, una vida quebrantada por el pecado del que nunca me hubiera podido recuperar por mí misma. Estaba muerta espiritualmente, pero me viste como un diamante entre el polvo. Me viste y viste el sacrificio que tu hijo había hecho por mí. Su salvación me hizo justa delante de ti y ahora tengo la confianza de que soy perdonada. Un día, cuando deje esta tierra, viviré contigo y te adoraré por siempre.

Me siento rebosante de gozo cuando me siento en paz a tus pies. Encuentro deleite en cada minuto que paso en tu presencia, escucho tu susurro que dulcemente me habla de tu gran amor por mí. Gracias por tu justicia.

En la quietud de este momento con mi Padre, nada me gustaría más que gritar a los cuatro vientos de su bondad. Declaro que solo en Cristo hay paz, seguridad y la esperanza de una vida eterna.

UNA CASA DE PAZ

Entonces habitará mi pueblo en albergue de paz,
en mansiones seguras y en lugares de reposo.

ISAÍAS 32:18 NBLA

Padre, vivo en un mundo que se está rompiendo en sus costuras por la presión y el temor a lo desconocido. Están pasando tantas cosas que pueden tornarse malas y tú puedes ver la preocupación que se percibe en los rostros de las personas. Echo de menos las sonrisas de las personas cuando las circunstancias eran más sencillas no eran tan complicadas. Encuentro un respiro al estar en tu santuario con otros creyentes, pero confieso que no he estado totalmente involucrada en el cuerpo de mi iglesia.

Anhelo tener esa armonía con otros. Sé que en tu casa encontraré apoyo, esperanza y paz llena de amor. La iglesia alberga a mi familia espiritual y quiero servirles, cohabitar con ellos y estar atenta a ellos. Es donde pertenezco y donde prospero. Ayúdame a deshacerme de la tentación de pasar la mañana de los domingos sin nada qué hacer y, en cambio, ir a la iglesia a adorarte con mis hermanos y hermanas en Cristo.

Pertenezco al Padre y tengo una grande y hermosa familia en Cristo. Declaro que ninguno de los sucesos catastróficos del mundo puede preocuparme porque sé que mi futuro es con Él. Confirmo que tengo paz y que vivo con plena confianza en sus promesas.

El gran defensor

Pues tú eres mi escondite; me proteges de las dificultades y me rodeas con canciones de victoria.

Salmos 32:7 NTV

Padre, recuerdo que cuando era niña tenía pesadillas que me enviaban a ocultarme bajo las sábanas. Recuerdo que escuchaba ruidos en la noche que hacían que me acurrucara y me quisiera esconder incluso debajo de la cama. Mi mente estaba llena de monstruos y trataba de cerrar mis ojos con fuerza para intentar pensar en algo lindo.

Casi puedo sentir la calidez que llegó a mi vida cuando acurruqué a ti, la seguridad que reinaba en mi pequeña cabeza: sabía que mi gran defensor estaba ahí. Las palabras y las canciones que canté en la escuela dominical me fortalecieron. Al final, salía de mi escondite porque me sentía segura en ti, mi protector, el único que nunca quitará sus ojos de mí. Gracias porque nunca me has dejado y porque nunca me dejarás. Soy tuya por siempre.

Tengo un Padre celestial que me adora y me protege. Declaro que, mediante Jesús, tengo un gran valor. Dios me valora de forma sin igual como su hija. Nunca dejará que nada entre a mi vida si no es su voluntad. Puedo esperar con grandes deseos ver los días llenos de paz y gozo.

Consejería necesaria

El Señor dice: «Yo te instruiré, yo te mostraré el camino que debes seguir; yo te daré consejos y velaré por ti».

Salmos 32:8 nvi

Padre, debo confesar que lo hice de nuevo. Sabes que tengo propensión de seguir en mi propia prudencia. Sé que no tiene sentido y no puedo entender por qué sigo haciendo lo que me agrada a mí, en lugar de hacer lo que te agrada a ti. Nunca sale nada bien y las porciones que me dieron placer solo duraron unos nanosegundos antes de que la culpa aterrizara. Quiero buscarte y arrepentirme, pero tengo temor de regresar con ese pecado. Hasta ahora, he estado tratando de evitar la conversación.

Enséñame, Señor, y si no entiendo, corrígeme con compasión hasta que lo entienda. Sé que me amas y me disciplinas por mi propio bien. Necesito tu consejería y quiero seguirte todos los días de mi vida. Quiero agradecer que no me dejas por ser como soy. Tu deseo es transformarme en la imagen de tu hijo.

Estoy cansada de buscar mi propio camino. Confirmo que no tengo poder para hacer mi voluntad. Necesito la sabiduría y el consejo constante del Espíritu. Él siempre me guiará.

Justo lo que necesitaba

Y el Señor le dijo: «Mi presencia irá contigo,
y te haré descansar».

Éxodo 33:14 RVC

Señor, estoy tan agradecida de que eres mi estandarte y de que siempre vas delante de mí. Sin embargo, hoy es uno de esos días en lo que siento que no puedo dar un paso más. Me siento agotada. A dondequiera que mire, alguien necesita algo de mí y siento que estoy vacía.

Me encanta que me des gente para servir, pero en realidad necesito descansar en este momento. ¿Podrías enviar a alguien para que sea ese frescor en mi vida? Sé que siempre estás listo para reavivarme y darme paz, pero me encantaría tener a una persona conmigo ahora. Entiendes mi necesidad de tener ese abrazo humano porque eres tú quien creó la necesidad de conectarse. Gracias anticipadamente por quien sea que vayas a enviar a mi vida, sé que eres hermoso.

¡No existe Dios más grande que mi Dios! Entiende los deseos del corazón y provee lo que necesito. Dios afirma su presencia personal conmigo y también envía a otros cristianos a mi vida cuando necesito alguien con quien reír o llorar. Me ama y cuida de mí.

TESOROS OCULTOS

Clama a mí, y yo te responderé; te daré a conocer cosas grandes y maravillosas que tú no conoces.

JEREMÍAS 33:3 RVC

Mi Señor precioso, este versículo siempre me atrae con gran misterio y emoción. Quiero correr lo más rápido que pueda para llegar a tu presencia, clamar tu nombre y ser testigo de cosas maravillosas de las cuales no estaba ni enterada. Trato de imaginar la magnificencia de todos esos tesoros maravillosos y ocultos que deseas revelar.

Señor, háblame, estoy aquí con oídos atentos y te escucho con toda atención para saber qué quieres hablar y compartir. Me sentaré aquí en tu presencia hasta que me llene de satisfacción el sonido de tu voz y la manifestación del conocimiento que resguardas. Deseo ser tu confidente, la persona en la que confías tu perspectiva. Déjame ser a quien compartes la magnitud de tu grandeza y asombro.

Declaro que el conocimiento y los pensamientos de Dios son mucho más altos y mejores que los míos. No puedo empezar a comprender su entendimiento, pero deseo saber las porciones ocultas de su sabiduría. Creo que cuando lo busque y lo encuentre, me invitará a escuchar las verdades del mismo interior de Dios.

Confiable y verdadero

Pues la palabra del Señor es verdadera
y podemos confiar en todo lo que él hace.

Salmos 33:4 NTV

Señor, había un juego que me gustaba practicar con mis amigos. Todos tenían que adivinar si alguien estaba diciendo la verdad o no. En mi caso, este juego se convirtió en una ilustración poderosa. Aunque el propósito era entretenernos, no me gustaba que me engañaran ni que me mintieran. Algunos de mis amigos eran tan convincentes que me preguntaba si las palabras que decían fuera del juego eran ciertas. Sé que no soy inocente tampoco. Muchas veces he dicho alguna mentira que me conviene para evitar herir los sentimientos de alguien o para evitar ponerme en una situación incómoda.

Si estoy cuestionando a otros, primero debería darme una mirada inquisitiva a mí. Señor, pon en mí un lente de aumento que me deje ver la culpa que siento cuando no he sido del todo honesta; ayúdame a arrepentirme con rapidez. Quiero ser confiable y seguir tu ejemplo.

Estaré atenta, buscando si hay algo que diga o haga que no sea verdadero y confesándolo de inmediato. Quiero honrar a Dios. A partir de este día, confirmo que revisaré las razones de actuar de mi corazón y lo haré con regularidad.

UN TEMOR ADECUADO

En aquel día, él será tu cimiento seguro, y te proveerá de una abundante reserva de salvación, sabiduría y conocimiento; el temor del Señor será tu tesoro.

Isaías 33:6 NTV

Padre, gracias por permitirme temerte. Este temor no es lo mismo que tener miedo de ti, sino que me permite rendirte respeto y reverencia por la autoridad que tienes y por la verdad de tu palabra. Quiero tener una actitud que tema a Dios y que dirija mi vida a la sabiduría y el buen fruto. Este deseo me ayuda a alejarme de la tentación y solo buscar la obediencia para encontrar la paz.

Estoy agradecida de que tu perfecto amor encierre toda preocupación que surge sobre el juicio de mis transgresiones y porque mis pecados fueron resueltos y perdonados en la cruz. Me regocijo porque me adoptaste y me purificaste mediante la salvación en Cristo. Me mantengo firme sobre la roca de Jesús y conozco que mi valor, el cual es incalculable para ti, depende de ti, mi amado salvador.

Me levanto en asombro al ver la bondad de Dios y sus caminos incomprensibles. Declaro que no me ha dado espíritu de temor, sino de poder, de amor y de una mente sana. Tengo reverencia a Él por la gran estima que tengo por su grandeza.

Lista para la restauración

Cercano está el Señor para salvar a los que tienen roto el corazón y el espíritu.

Salmos 34:18 RVC

Dios, confieso que te he estado evadiendo. Quiero complacerte, pero caigo nuevamente en el mismo pecado. Me duele saber que a veces ni siquiera me percato y es como si estuviera formando una callosidad alrededor de mi mal actuar. Vengo a aceptar y a entregarte que en mi mente está el hecho de que es pecado.

Gracias por no ignorar mi pecado. Sigues llevándome al arrepentimiento. Estoy agradecida que nunca te rindes de mí. Nunca dejas de ayudarme a alcanzar el destino que planeaste para mi vida. Estoy avergonzada de mi pecado, pero cuando vengo a ti con un corazón contrito, tú levantas mi cabeza. Cuando confieso, eres fiel y justo para perdonarme y restaurarme en una relación contigo.

Mi Padre está lleno de una bondad infinita. Nunca me rechazará cuando traiga ante él mi raído y cansado corazón en arrepentimiento. Me lava y purifica, me perdona completamente con su gracia. Me ha redimido y puedo caminar en la seguridad de mi salvación.

Un rostro radiante

Los que lo miran están radiantes;
jamás su rostro se cubre de vergüenza.

Salmos 34:5 nvi

Padre, en los momentos en los que vengo delante de ti a confesarte la condición de mi corazón, me encuentro libre de pecado y llena de un gozo inexplicable. Sonrío porque sé que te complace verme en esa maravillosa sensación. Incluso cuando vengo a ti dañada con el pecado, tu palabra dice que no necesito sentirme cubierta con humillación, porque tu perdón abundante siempre está disponible para mí.

A pesar de mi condición, ya sea que me presente ante ti en confesión o en alabanza y adoración, me aceptas. ¡Qué Padre tan compasivo y misericordioso eres! Siempre tengo paz al saber que tu amor es eterno y que me recibes por quien soy.

Declaro que hoy y cada día empiezan con el propósito de llenarlos de gozo por la bondad del Señor. Nada de lo que haga me puede impedir su presencia. Él es todo lo que necesito, es mi todo. Y gracias a ello, ¡tengo un rostro radiante!

MI BUEN REFUGIO

¡Prueben ustedes mismos la bondad del Señor!
¡Dichoso aquel que en él confía!

SALMOS 34:8 RVC

Padre, no hay mejor lugar que estar en tu presencia. No puedo estar más seguro que cuando confío en ti y me someto a tu guía y protección. Cuando trato de manejar las situaciones por mi propia cuenta y quiero hacer mi voluntad, termino con angustia, confusión y en ocasiones, incluso con resultados desafortunados.

Te suplico que me guíes para no actuar bajo mis propios medios. Cuando recuerdo quién eres, todopoderoso, omnipresente y siempre sabio, en todo lo que haces, me esfuerzo para someterme a tu voluntad soberana. Cuando me rindo y me mantengo alineada a tu guía, encuentro paz y contentamiento al darme cuenta de que todo saldrá bien porque estás en control. Me siento agradecida de que nunca tengo que navegar sola en esta vida. Tengo al Dios sabio y omnisciente de la creación para que dirija mi camino.

Reboso de gozo porque soy el vaso receptor del amor y cuidado perfecto del Señor. Proclamo que sirvo a un Dios maravilloso y sorprendente, quien es bueno en todo lo que hace. Sé que sus pensamientos para mí son para prosperarme y por eso, ¡lo alabo!

VIENE A SALVAR

Digan a los de corazón temeroso: «Sean fuertes y no teman, porque su Dios viene para destruir a sus enemigos; viene para salvarlos».

ISAÍAS 35:4 NTV

Señor, he tenido momentos en mi vida cuando el enemigo me ataca y me paraliza con miedo. Mi anhelo más grande es que me rescates, pero en lugar de ello, decido caminar en mi propia ansiedad y no te dejo la batalla para que tú puedas librarme. Las palabras del versículo de hoy: «su Dios viene para salvarlos», resuena fuertemente cuando confío en ti. Veo a mi salvador poderoso viniendo en un caballo blanco para salvarme y para destruir toda arma que esté apuntándome. Logra que retrocedan esas nubes negras y permite que brille el sol de esperanza.

Cuando las flechas vuelan con furia, ayúdame a encontrar la valentía para subir a lo más alto de mi condición desesperada en busca de la seguridad de tus brazos de amor. En ti encontraré mi fuerza.

A partir de este día, quiero correr directamente a los brazos de mi Señor a la primera señal de una batalla espiritual. No intentaré luchar por mí misma, sino que me rendiré a su gracia de salvación. Declaro que no existe otro lugar al que pueda ir, sino permanecer fuerte en la protección poderosa de mi Señor y salvador.

PACIENTE Y FIEL

Tu misericordia, oh SEÑOR, se extiende hasta los cielos, tu fidelidad, hasta el firmamento.

SALMOS 36:5 NBLA

Precioso Señor, vengo ante tu trono en confianza de que recibiré tu compasión inmensurable. Siempre me has mostrado tu favor divino, el cual es inagotable. Es imposible que logre imaginarme el pináculo del cielo, no logro alcanzar tal magnitud. El hecho de que tu paciencia llegue hasta esa distancia me llena de gratitud.

Siempre has sido firme en tu fidelidad hacia mí, cada día de mi vida. Nunca ha habido ni un solo momento o lugar en donde no hayas estado conmigo. Tus bendiciones son ilimitadas y todos tus hijos las recibimos. Vivo en un estado continuo de asombro y maravilla por el gran amor que tienes por mí y por todo lo que has creado.

Declaro que mi Padre celestial me ama de una forma absoluta, total y perfecta. Proclamo que estoy y siempre estaré cubierta por su protección, provisión y poder. Sé que nunca quita sus ojos de mí. Nunca se cansa de guiarme en todos mis caminos. Recibo su misericordia, gracia, perdón y bendiciones con un corazón lleno de agradecimiento.

CUIDADO Y JUSTICIA

Tu rectitud es como las poderosas montañas, tu justicia, como la profundidad de los océanos. Tú cuidas de la gente y de los animales por igual, oh SEÑOR.

SALMOS 36:6 NVI

Señor de los cielos, sé que como Dios del universo, eres perfectamente puro. Todos tus caminos son llenos de virtud. Tu poder, sabiduría e integridad llegan más allá del pico más alto, por lo que me siento un pequeño punto en todo. Tu palabra dice que somos como flores que se abren y después mueren.

La vida es corta, pasa como el viento y tú llevas la cuenta de todos nuestros días. Eres quien gobierna todo y eres poderoso; sin embargo, tu bondad y cuidado hacia mí es tan gentil y se origina en el amor más grande. Es casi incomprensible tratar de entenderte en quién eres, pero creo en ti y estaré eternamente agradecida por el Dios que eres. Eres mi rey omnipotente, mi Abba Padre, mi salvador justo y el amante de mi alma.

Declaro que el santo Dios todopoderoso es el único Dios: es poderoso, soberano e inmutable. No hay nadie que se le compare. Me regocijo en su extravagante amor que va más allá de lo que puede amar el padre más cariñoso. Recibo totalmente mi posición real en Cristo.

La fuente que fluye

Porque en ti está la fuente de la vida;
en tu luz vemos la luz.

Salmos 36:9 NBLA

Padre, este versículo me hace sentir ligera. La ausencia del estrés me permite sumergirme en la luz que emana de ti. Casi puedo saborear el agua espiritual que provees y que sana todo mi ser y me da la seguridad de la salvación en ti. Tu iluminación es infinita, siempre me permite ver claramente mi camino.

Vivir en tu hijo me permite la entrada a la promesa y por siempre, a tu presencia. Tu amor y plan para mí los revelas en tu tiempo perfecto y los realizas con tu mano poderosa. Hay plenitud en la profundidad de mi alma porque has dado tu provisión de amor eterno a los planes de fidelidad que tienes para mí. No existe un deleite más grande que beber de la redención divina de la fuente que da vida.

Porque soy perdonada y salvada, transformada por la muerte y resurrección de Jesús, siempre me acercaré a la refrescante presencia del Señor, la fuente de vida. Su provisión de sacrificio me ha dado la oportunidad de ser liberada de la destrucción y darme el paso a la eternidad con Él. Es la luz que ilumina mi camino aquí y a al reino de los cielos.

Regocijo humilde

Pero los humildes poseerán la tierra y
se deleitarán en abundante prosperidad.

Salmos 37:11 NBLA

Señor, debo admitir que lo que realmente me molesta es que algunas personas que conozco alardean sobre su vida y lo que tienen. Me enojo y me hace querer irme a otro lado cuando los veo llegar. No había identificado la razón de esta reacción tan fuerte hasta que leí este versículo. Tu palabra me revela que tengo un corazón celoso. Me siento tentada de alardear de todo y cuanto puedo con tal de invadir su área, pero eso roba mi paz.

Señor, perdóname. Ayúdame a reconocer cuando tengo envidia para traerlo ante ti y confesarlo. Ayúdame a regocijarme humildemente cuando otros han tenido éxito. Tú eres el único que puede llenar mi vida, en la forma en la que has prometido. No quiero compararme con otros, quiero ser agradecida por todo lo que has prometido y me has dado.

Declaro con todo mi ser que solo Dios es grande y digno de alabanza. La tierra y todo en ella le pertenecen solo a Él. Entiendo totalmente que todas las buenas cosas vienen de Él. Buscaré regocijarme por la bendición que Él trae a otros cuando permanezco agradecida por lo que me ha dado.

Dirección con deleite

El Señor dirige los pasos de los justos;
se deleita en cada detalle de su vida.

Salmos 37:23 NTV

Señor, cuando veo mi vida en retroceso, cada minuto en el que me rendí a tu dirección, vi la bendición en mi camino. Sentí tu sonrisa y aprobación que irradiaba alrededor de mí. Entonces, ¿por qué vuelvo nuevamente a tratar de vivir según mi voluntad? En algunos momentos ni siquiera puedo darme cuenta de que te estoy evitando y paso ante ti. Cuando empiezo a pensar que ya superé esta conducta, vuelvo a caer en ella y debo reconocer que repito una vez más esa conducta.

Con humildad vengo a suplicar por tu perdón. En el momento en el que empiece a caminar por mi cuenta, vuelve a colocarme en el camino y atráeme a ti. Quiero caminar en ti para que mis caminos estén llenos de deleite y mi vida de la protección de tu guía sabia.

El conocimiento y la sabiduría del Señor sobrepasan la de cualquier otra persona. Estoy muy agradecida de que Él creó un plan perfecto para mí en su gran bondad y voluntad justa. Me regocijo de saber que cuando me someto a Él, se deleita en mí. Declaro que lo seguiré en obediencia todos los días.

Me sostiene de la mano

Aunque tropiecen, nunca caerán,
porque el Señor los sostiene de la mano.

Salmos 37:24 NTV

Dios maravilloso, me siento liberada de que me hayas perdonado y que hayas olvidado los pecados que cometí y que me hicieron caer en el pasado. No tengo las palabras suficientes para explicar cuán agradecida estoy de que nunca me dejaste, a pesar de que por mis acciones, lo merecía. Nunca te has rendido en mí y siempre me has cuidado, incluso cuando había elegido el camino oscuro.

Comprometí mi vida a tu hijo hace muchos años y eso me selló en el interior con tu protección amorosa. Desearía no volver a hacerlo, pero sé que volveré a pecar. Cuando caigo en la transgresión, tu mano me guía y me levanta para regresarme al camino correcto al arrepentirme. ¡Estoy muy agradecida por ello! Sujetarás mi mano en esta vida, lo harás continuamente hasta que me lleves al reino eternal.

Dios es mi compañía constante y mi guía llena de gracia. Sé que estaré segura en sus caminos porque Él me dirige. Me regocijaré al ver que me sostiene de su mano y llena mi vida con su voluntad.

Deleite en Él

Deléitate en el Señor y él te concederá
los deseos de tu corazón.

Salmos 37:4 NVI

Padre, acepto que este versículo pudiera desviarme un poco porque promete sobre los deseos de mi corazón. Podría intentar manipular las emociones que tengo para que se recompensen con el resultado deseado. Quiero deleitarme en ti, mi Señor. Te amo con todo mi corazón, pero podría ser muy ambiciosa con las cosas que erróneamente podría creer que me merezco. Eso puede contribuir a que mis actitudes tengan un efecto equivocado en los impulsos que manejo.

Quiero negarme a mí misma y seguirte. Mereces mi devoción llena de adoración, verdad y fidelidad en obediencia a ti. Me has dado todo lo que pudiera necesitar o querer en Cristo Jesús. Estoy sumamente agradecida y hablo con toda honestidad cuando digo que eres el deleite absoluto de mi vida.

Declaro que mi precioso Padre celestial es la luz de mi vida, el amante de mi alma y todo lo que pudiera llegar a desear. No hay nada ni nadie más poderoso que Él y me emociona poder regocijarme en quién es Él. Mi salvador es mi recompensa.

Sigo sus pasos

Encomienda al Señor tu camino,
confía en Él, que Él actuará.

Salmos 37:5 NBLA

Señor, necesito tu ayuda. Vienen situaciones que no puedo manejar y no tengo forma de evitarlas. Quiero depender de ti en una fe completa. Quiero eliminar todo estrés que quiera desviar mis emociones y pensamiento de creer que todo está en tus manos. Sé que eres confiable y siempre has sido fiel, entonces, ¿por qué me preocupo por el proceso y por el resultado?

Has prometido que nunca me dejarás y que contigo, todas las cosas son posible. No tengo motivo para estar ansiosa por mi futuro. Mi camino, cuando lo he rendido del todo a ti, se guía por tu propósito y tu sabiduría. Conforme camino en esta vida siguiendo tus pasos, tengo la confianza de que cada uno de ellos se posará en tus huellas, las que has dejado enfrente de mí.

A partir de este día, mis manos dejarán de gobernar mi vida. Soy del Señor y mi deseo es que Él tenga un control completo sobre todo lo que hago. Creo que Él cumplirá con todas las obras que ha creado para mí. Por medio de ellas, Él será glorificado.

Dios de toda esperanza

Porque en ti espero, oh Señor;
tú responderás, Señor, Dios mío.

Salmos 38:15 NBLA

Padre, desde el momento en que entregué mi corazón a ti, coloqué toda mi confianza en ti. Sé que tu palabra dice que mi esperanza nunca se verá afectada, por lo que creo y mantengo una expectativa positiva de que todo lo lograrás en mí. Sé que todo lo que necesito es venir ante tu trono para contarte mis peticiones y que me escuches atentamente. Estoy segura de que cuando pido con los motivos correctos y en el nombre de mi salvador, tú responderás.

Si me aferro a ti, las escrituras dicen que recibiré lo que deseo de ti. También sé que no cumplirás mis deseos cuando no busquen el mejor interés y me darás lo que sea correcto en tu incomparable voluntad. Ruego para que me escuches y cuides de mí profundamente para suplir mis necesidades. Espero con grandes deseos tu respuesta, la cual nace de tu bondad y tu perfecto amor por mí.

No existe otro lugar al cual acudir, solo donde está el Padre, todo lo que necesito viene de su mano llena de gracia. Me comprometo a depender de él todos mis días, pues solo Él me guía a una vida abundante.

Bien, buen siervo y fiel

Dios, de su gran variedad de dones espirituales,
les ha dado un don a cada uno de ustedes.
Úsenlos bien para servirse los unos a los otros.

1 Pedro 4:10 NTV

Señor, con frecuencia he escuchado que dicen que no llamas al preparado, sino que preparas a los que has llamado. Entonces me pregunto cuál es mi don. Sé que tengo uno, tal vez más, pero en ocasiones parece que están tan regados que no los puedo desarrollar totalmente.

Creo que algo me falta. ¿Podrías mostrarme para que me has estado preparando y darme la confianza de caminar en mi propósito? Sé que no puedo hacer nada sin ti, pero también creo que tu palabra dice que todo lo puedo hacer en Cristo. ¡Ni siquiera el cielo es el límite! Quiero cumplir lo que has puesto en mí para hacer en esta tierra. Oro por sabiduría, perspectiva y ánimo para servirte bien. Espero que un día mi corazón pueda escuchar: «Bien, buen siervo y fiel».

Antes incluso de que fuera concebida, el creador preparó trabajos que yo pudiera hacer. Declaro que Él terminará y realizará todo para lo que me colocó en esta tierra, lo cual será para su gloria.

Señalo a Dios

Humíllense delante del Señor y él los exaltará.

Santiago 4:10 NVI

Señor, después de leer este versículo hoy, me doy cuenta de que debo confesar que había estado tratando de enorgullecerme. Ni siquiera es porque lo quisiera, sino que es el resultado de mi poca autoestima, la cual teme no tener nada que ofrecer. No me he estado viendo a través de tus ojos, por lo que he tratado de crear una apariencia falsa para intentar recibir honra.

Quiero dejar mi orgullo y la falsa humildad de lado y buscarte solamente a ti. Mi oración es que no sea yo a quien vean, sino que sean testigos de quién eres tú al experimentar la fragancia de Cristo cuando estoy presente. Todo lo que realmente importa es que te conozcan por medio de mí. Confiaré en que estarás sobre mí de forma que seas tú quien llame la atención para conducir a otros a ti.

Mi Padre celestial es el más grande de todos, así como el más famoso sobre la tierra. Nadie puede compararse a Él. En su sabiduría y generosidad, Dios me permite ser parte de sus propósitos. Nunca más buscaré la honra para mí. Siempre señalaré al Dios milagroso y todopoderoso.

Una palabra viva

Sin duda, la palabra de Dios es viva, eficaz y más cortante que cualquier espada de dos filos. Penetra hasta lo más profundo del alma y del espíritu, hasta la médula de los huesos, y juzga los pensamientos y las intenciones del corazón.

Hebreos 4:12 NVI

Padre, debo aceptar que hay ocasiones en las que me muevo en modo automático al leer la Biblia. Me pasa cuando solo leo sin pedirle al Espíritu Santo que me revele la verdad. Cuando estoy leyendo un pasaje que ha revisado muchas veces anteriormente, tiendo a dar paso a las distracciones mentales. Entonces, escucho tu voz. Me llamas para acercarme a ti y aprender lecciones maravillosas que no sabía.

Quieres que sea una estudiante de tu palabra. Ayúdame a estar atenta y analizar para entender las escrituras. No existe ningún otro libro que viva como el tuyo. Las palabras pueden saltar de la página e ingresar a mi ser. Permite que tu palabra penetre mi corazón, haga raíces en mi mente y que me vaya formando para parecerme más a tu hijo.

Declaro que la palabra de Dios es viva. Da aliento de vida a mi alma y me da la convicción de hablar su verdad en mi vida. Abriré mi mente a las escrituras para revelar y corregir los motivos de mi corazón.

Sufrimiento por Cristo

Al contrario, alégrense de tener parte en los sufrimientos de Cristo, para que también sea inmensa su alegría cuando se revele la gloria de Cristo.

1 Pedro 4:13 NVI

Padre, a veces me he visto envuelta en críticas y rechazo a causa de mi fe en ti. Algunos de estos comentarios han sido deliberados, mientras que otros forman parte de los rumores. Sé que la escritura dice que el mundo me odiará por seguirte. No tengo problema que todos estén en contra de mí, pero cuando se trata de que mis amigos participan en los comentarios, eso es sumamente doloroso.

Entre más te conozco, más distancia existe entre aquellos a los que amo y yo, y hablo de aquellos que no están de acuerdo conmigo. Permite que mi corazón esté en paz con esa verdad tan triste. Sé que estoy bien y mi vida está en línea contigo. No importa lo que sufra en esta tierra, vale la pena si esto te entrega la gloria a ti.

Estoy completa al ser una seguidora de Jesús. Soy su hija, su oveja y su instrumento, estoy dispuesta a escucharlo. Sufriré para dar a conocer su nombre. Todo lo que me ataque por causa del evangelio vale el esfuerzo, pues sé que Jesús es la verdad. Él me ha hecho libre.

Todo es posible

Pues todo lo puedo hacer por medio de Cristo,
quien me da las fuerzas.

Filipenses 4:13 NTV

Padre, sé que la fuente de todo tu poder en mí es tu hijo. Hay momentos en los que casi olvido que todo es posible si lo hago por medio de Jesús y que pone a mi disposición la capacidad de lograrlo. El resultado de olvidarlo es que intento lograr un objetivo, pero en mis propias fuerzas. ¡Qué perspectiva tan corta! Mi propia negligencia es la que me mueve a actuar abruptamente y luego sufrir las consecuencias.

Efesios 1:19-20 dice que el poder de aquellos que creen es el mismo poder que tú demostraste cuando levantaste a Cristo de la muerte. Gracias por este hermoso legado inagotable que me has dado. Dame fe para poder seguir avanzando en el poder milagroso, ilimitado y total de mi salvador.

No hay nada que no pueda hacer, pues Dios me ha dado todo lo que necesito en Cristo para conquistar los objetivos que tenga en su nombre. Cuando avanzo en su fuerza, ninguna arma que se forje en contra de mí prosperará. Confirmo que todo es posible y que nada puede frustrarse cuando se hace en el nombre poderoso de Jesucristo.

AGUA VIVA

Mas el que bebiere del agua que yo le daré, no tendrá sed jamás; sino que el agua que yo le daré será en él una fuente de agua que salte para vida eterna.

JUAN 4:14 RVR1960

Señor, este versículo me lleva al Antiguo Testamento. El Salmos 42 dice: «Como el ciervo brama por las corrientes de aguas, así clama por ti, oh Dios, el ama mía. Mi alma tiene sed de Dios, del Dios vivo; ¿cuándo vendré, y me presentaré delante de Dios?». Me siento agradecida que todo deseo e inquietud haya respuesta en ti, Jesús, cuando te revelas como el agua viva.

Eres el único que puede calmar mi anhelo y el deseo de toda la humanidad. Solo tú eres la fuente de salvación. Ofreces absolución y vida eterna. Estoy sorprendida de que no tengo que esforzarme, que no se requiere que haga nada a pesar del enorme sacrificio que requirió de ti. Recibo esta agua refrescante y perdurable en gratitud humilde; ofrezco mi vida en gratitud a la tuya que entregaste por mí.

Nunca más volveré a tener sed, pues Jesús me llenó de agua viva de la que fluye vida eterna. No existe otro camino, solo Él; no hay otra solución para el pecado, solo su salvación. Seguiré bebiendo de su fuente de vida ahora y por la eternidad.

NUESTRO SUMO SACERDOTE

Porque no tenemos un sumo sacerdote que no pueda compadecerse de nuestras debilidades, sino uno que fue tentado en todo según nuestra semejanza, pero sin pecado.

HEBREOS 4:15 RVR1960

Salvador, gracias porque tú conoces cuál es mi lucha con el pecado, tú has pasado por esa experiencia personalmente. Cuando caminaste por esta tierra como hijo de Dios, en tu humanidad, te enfrentaste a todas las tentaciones que jamás me tocará encarar. A pesar de eso, te mantuviste firme ante ellas y no cediste a la desobediencia. Sabías que en mi propia fuerza no hubiera podido salir victoriosa, por lo que me diste una salida.

Te alabo, mi sumo sacerdote, por romper ese velo y abrirlo permanentemente para dejarme libre del juicio necesario por mi pecado en el Calvario. Jesús, tu gracia me salvó de padecer una separación eterna de Dios. Pagaste mi deuda en la cruz. Cuando dijiste «consumado es», era solo el principio. Mi eternidad está asegurada gracias a ti.

Declaro que mi sumo sacerdote, Jesucristo, es mi Salvador, es el único que me conoce y comprende mis debilidades. Jesús se enfrentó a los señuelos de los placeres pecaminosos, pero los rechazó y los reprendió. Así también resistiré, pues estoy llena del poder de Cristo para desafiar y conquistar el mal.

Septiembre

«Velen y oren para que no cedan ante la tentación, porque el espíritu está dispuesto, pero el cuerpo es débil».

Mateo 26:41 NTV

Renovada desde adentro

Por tanto, no nos desanimamos. Al contrario, aunque por fuera nos vamos desgastando, por dentro nos vamos renovando día tras día.

2 Corintios 4:16 NVI

Maravilloso Dios, gracias por la gracia y la fuerza que me das desde lo más profundo de mi ser. Llena de vida me acerco en tu amor, donde el termo se ha convertido en fe. Sin importar por dónde tengo que caminar, sé que estarás conmigo. No importa cuánto se desgaste mi cuerpo, siempre estarás renovando mi interior. Mi alma y mi espíritu estarán fuertes en la fe porque tu Espíritu está vivo en mí.

No ignoraré las implicaciones de mi cuerpo, pero no dejaré que el gozo de mi alma dependa de la salud de mi cuerpo. Estoy siendo renovada y seguiré renovándome gracias a ti. Ministra tu fuerza, tu apoyo y tu sabiduría para seguirme transformando de adentro hacia afuera.

Declaro que no importa lo que venga, enfrentaré cada día con valor. El Espíritu de Dios está vivo en mí y es la fuente de todo lo que necesito. Dios revivirá y refrescará mi alma.

Llena de amor

Él hace que todo el cuerpo encaje perfectamente. Y cada parte, al cumplir con su función específica, ayuda a que las demás se desarrollen, y entonces todo el cuerpo crece y está sano y lleno de amor.

Efesios 4:16 NTV

Jesucristo, eres la cabeza de tu iglesia y soy una parte del cuerpo de los creyentes. Sé que no fui creada para estar aislada ni por mí misma. Soy parte de un gran cuerpo en el que tú eres la cabeza. En lugar de estar intentando hacer aquello para lo que no fui creada, ayúdame a enfocarme en lo que me corresponde. Cuando trabajo en mis dones y hago lo que me llamaste a hacer, sé que me usarás para tu gloria.

Cuando veo que otra parte del cuerpo está enfrentando dificultades, muéstrame cómo puedo ayudar. Gracias por darme una perspectiva más amplia y por ser el líder que todos necesitamos. No tengo que controlar ni manipular a nadie, ese no es mi trabajo. Estaré buscando formas para servir mientras puedo hacer mi parte confiadamente. Confío en que los demás se someterán a ti para que ellos también hagan lo que les corresponde. Permite que sea llena de tu amor hoy, tanto yo como mis hermanos y hermanas.

Declaro que haré mi parte del trabajo para promover la unidad en el cuerpo de los creyentes. No tomaré la dirección, pero tampoco me quedaré atrás. Seré yo totalmente y confiaré el resto en el Señor.

Me acerco confiadamente

Así que acerquémonos con toda confianza al trono de la gracia de nuestro Dios. Allí recibiremos su misericordia y encontraremos la gracia que nos ayudará cuando más la necesitemos.

Hebreos 4:16 NTV

Dios lleno de gracia, hoy vengo con toda decisión a acercarme ante tu trono. Entro a tu presencia a recibir tu misericordia. Tú tienes lo que he anhelado. Tienes la gracia que ando buscando con desesperación. También tienes la fuerza que requiero y tienes la determinación y la confianza que necesito.

Lléname con la paz perfecta de tu presencia y levanta las cargas pesadas de mis hombros cuando me llenes con la luz que me da vida. Enséñame con tu sabiduría. Dame la perspectiva para mi entendimiento limitado. Quiero conocer más. No quiero mantenerme alejada, sino estar en la plenitud de tu presencia, quiero conocerte más. Gracias por darme la invitación.

Declaro que no existe nada que pueda separarme del amor de Dios. Me acercaré confiadamente ante Él y confiaré en Él para que me llene de gracia y misericordia.

Dios es amor

Y nosotros hemos conocido y creído el amor que Dios tiene para con nosotros. Dios es amor; y el que permanece en amor, permanece en Dios, y Dios en él. En esto se ha perfeccionado el amor en nosotros, para que tengamos confianza en el día del juicio; pues como él es, así somos nosotros en este mundo.

1 Juan 4:16-17 RVR1960

Padre compasivo, eres el amor puro y vivo. No haces nada sin misericordia. No tomas decisiones sin bondad en tu corazón. Eres amor, por lo que toda expresión de amor con la que vivo es solo una pincelada de ti. Quiero aferrarme a tu amor, quiero estar rodeada, llena y encapsulada en tu amor de tal manera que fluya naturalmente en todo lo que haga, lo que hable y en la relación que mantenga con los demás.

Tu amor no discrimina, no es egoísta y no busca su propia ganancia. Es expansivo porque llega muy lejos. Ayúdame a elegir ser compasiva, en lugar de prejuiciosa. Transfórmame a tu imagen y permite que sea un reflejo vivo de tu misericordia y bondad maravillosa.

Dios es amor y en él no hay sombra de maldad. Él es mejor de lo que puedo imaginar. No puedo exagerar su bondad y viviré en amor hoy, no dejaré que el temor me encierre en un comportamiento de mente limitada.

Gloria perdurable

Pues nuestras dificultades actuales son pequeñas y no durarán mucho tiempo. Sin embargo, ¡nos producen una gloria que durará para siempre y que es de mucho más peso que las dificultades! Así que no miramos las dificultades que ahora vemos; en cambio, fijamos nuestra vista en cosas que no pueden verse.

2 Corintios 4:17-18 NTV

Gran Dios, gracias por la bondad prometida en la plenitud de tu reino que ha de venir. Aunque no puedo escapar de los problemas de esta vida, no quiero quedarme atrapada en ellos y que me olvide que tú estás conmigo. No quiero llevar una carga tan pesada con un dolor temporal, al punto que me impida ver que cada día tiene su final y cada estación tiene un tiempo limitado.

Estoy muy agradecida por la promesa de un nuevo amanecer y de nuevas estaciones que se aproximan. Aun así, te suplico que tu misericordia me encuentre en medio de todo mi desastre. Muéstrame lo que haces ahora en mi quebrantado corazón. Confío en ti.

En esta tierra nada durará por siempre, ni el dolor ni las pruebas ni los problemas. Hay mucho por ver todavía y no solo lo que estoy dejando detrás. Declaro que estaré atenta con esperanza en el tiempo actual, pues Dios es bueno y es fiel.

AMOR PERFECTO

En esa clase de amor no hay temor, porque el amor perfecto expulsa todo temor. Si tenemos miedo es por temor al castigo, y esto muestra que no hemos experimentado plenamente el perfecto amor de Dios.

1 JUAN 4:18 NTV

En ti, Dios perfecto, no hay temor. No eres un líder sediento de poder que gobierna con amenazas; tampoco eres un gobernante frío que castiga para que sea ejemplo de otros. Todo lo que haces lo haces en amor, aunque a veces se sienta doloroso. Reconozco que no todo lo que experimento en mi vida puede entenderse o empacarse como un hermoso regalo con un moño.

Aun así, conozco tu carácter y conozco cómo eres. Eres Dios lleno de bondad misericordiosa y siempre me alcanzas en amor. Tu gracia me salva de esa propensión al pecado y las represalias. Tu redención hace todo nuevo en ti y yo soy una criatura nueva en ti. No viviré con requerimientos rígidos de temor que minimicen mi corazón. Viviré en la amplitud de tu amor.

El miedo me limita, el amor me lleva a la libertad. Elijo vivir con amor como mi motivación. Buscaré formas para ampliar hoy mi compasión y o dejaré que el miedo me impida tomar riesgos en amor.

Satisface todas mis necesidades

Así que mi Dios les proveerá de todo lo que necesiten, conforme a las gloriosas riquezas que tiene en Cristo Jesús.

Filipenses 4:19 NVI

Jesucristo, eres el proveedor de todo lo que necesito. Llena mis necesidades y lléname de tu bondad y la abundancia de tu amor vivo. Ves lo que necesito. Donde la desesperanza se ha colocado, respira aliento para tener una visión fresca. Donde el desánimo me ha quebrantado, ministra sanidad, consuelo y fortaleza. Donde los problemas han envuelto mi corazón en temor, desata ese dolor con tu perfecto amor.

Para todo lo que hoy estoy lidiando y para todo lo que pensé que sabía, amplía mi entendimiento de tu gran amor por medio de la relación profunda con tu Espíritu hoy.

Declaro que confío en que el Señor llenará todas las necesidades que no puedo llenar por mí misma. Sé que no solo lo hará, sino que me dará más gracia, misericordia y amor de lo que necesito para seguir perseverando en su presencia. Me someto a la guía de su amor en mi vida.

Sol de justicia

Mas a vosotros los que teméis mi nombre, nacerá el Sol de justicia, y en sus alas traerá salvación; y saldréis, y saltaréis como becerros de la manada.

Malaquías 4:2 RVR1960

Señor justo, te veo como las flores ven el sol. Dependo de tus lluvias como la tierra depende del agua. Te necesito más de lo que puedo expresar. Levántate, como dicen las Escrituras, con sanidad en tus alas. Levántate sobre mí, Señor. Brilla en mí y absorberé de tu luz que da vida. Deja caer tu lluvia sobre mí y reviviré en tu presencia. Aliméntame con el sustento de tu Espíritu. Refréscame en tus aguas.

Ves las áreas de mi vida que esperan tu toque de sanidad. Ves los escombros y las cenizas, por lo que anhelo que tu poder de restauración se mueva sobre mí. Ven, Señor. Revélate, Padre. Levántate sobre mí y trae sanidad a mi alma, espíritu, cuerpo y mente.

Declaro que cuando mire al hijo, derramará de su luz en mi vida. Revivirá mi esperanza y refrescará mi valentía. Dios es todo lo que necesito.

Él es más grande

Ustedes, queridos hijos, son de Dios y han vencido a esos falsos profetas, porque el que está en ustedes es más poderoso que el que está en el mundo.

1 Juan 4:4 nvi

Maravilloso Dios, soy tu hija. ¡Soy tuya! Gracias por la promesa de que cosas mayores vendrán. Serán mucho más grandes de cualquier cosa que me hubiera imaginado alguna vez. Tu reino vendrá y se hará tu voluntad en la tierra como se cumple en el cielo. La gloria más grande de tu reino descenderá sobre toda esta tierra. Gobernarás y reinarás con total autoridad y toda rodilla se doblará ante ti. Cada lengua confesará que tú, Jesucristo, eres el Señor.

Hasta ese día, fortaléceme desde mi interior con tu gracia de poder. Sé que eres más grande que cualquier situación que enfrente y confío en ti. Venceré porque tú ya has vencido a todos tus enemigos.

Declaro que el Espíritu de Dios es más grande que todo temor, vergüenza, prueba y fuerza corrupta que enfrente. Confiaré en su poder de resurrección y caminaré con toda confianza, con la promesa de que recibiré su ayuda en toda circunstancia.

Palabras de consolación

Al que tropezaba enderezaban tus palabras,
y esforzabas las rodillas que decaían.

Job 4:4 RVR1960

Consolador, gracias porque me has prometido que me ayudarás. Gracias por estar cerca. Trasciende sobre mis pensamientos desesperados y llévame a tu presencia para vivir tu amor y sentir su abrazo en mi vida. Anhelo un toque fresco de tu gracia.

Consuela mi dolor y acércame a ti en mi dolor. Levanta mis ojos para ver que estás mucho más cerca de lo que imaginé. Habla tus palabras de vida sobre mi cansado corazón. Trae alivio a mi alga fatigada y seca con el agua refrescante de tu Espíritu. Fortaléceme, anímame y sáname. Soy tuya y dependo de ti.

No estoy sola en mi dolor. El Espíritu de Dios es mi gran consuelo y fortaleza. Buscaré cómo consolar a otros cuando pueda y dependeré en la ayuda del Espíritu y en su pueblo para animarme cuando no pueda ponerme de pie por mí misma.

Oren por todo

No se preocupen por nada; en cambio, oren por todo. Díganle a Dios lo que necesitan y denle gracias por todo lo que él ha hecho. Así experimentarán la paz de Dios, que supera todo lo que podemos entender. La paz de Dios cuidará su corazón y su mente mientras vivan en Cristo Jesús.

Filipenses 4:6-7 NTV

Dios, en lugar de ceder a la preocupación y la ansiedad de lo que desconozco, te ofreceré estos sentimientos en oración este día. Que la oración se convierta en una práctica de respiración para mí. Gracias por todo que has hecho. No olvidaré cómo te has acercado a mí tan fielmente, así como te has acercado a quienes has llamado en tu nombre.

No me limitaré a dejar todo delante de ti en este día. Quiero comunicarme contigo abierta y libremente hasta que mi día esté completamente lleno de oración. Guarda mi corazón y mi mente con tu perfecta paz. Confío en ti, entonces, ¿por qué he de preocuparme?

Cuando oro por todo, la paz de Dios me rodea, me llena y me sostiene. Nada es muy insignificante para compartirlo con Él. Dios cuida de todo. Le abriré la puerta para que entre a cada pedacito de mi corazón, mi mente y mi vida.

Seguir en amor

Queridos amigos, sigamos amándonos unos a otros, porque el amor viene de Dios. Todo el que ama es un hijo de Dios y conoce a Dios.

1 Juan 4:7 NTV

Amado Padre, gracias por el recordatorio de que el amor siempre vale la pena. Buscar formas de amar a los demás como tú me has amado siempre será un bello objetivo que debo buscar. No quiero engañarme y pensar que soy como tú cuando mis acciones, palabras y motivaciones no albergan amor. Tu bondad no necesita mi aprobación. Eres misericordioso infinitamente, pues no estableces condiciones para dar tu amor y yo tampoco quiero hacerlo.

Ayúdame, Señor, a vivir como un reflejo de tu compasión pura. Me sorprendes constantemente y me animas en tu amor. Espero actuar de la misma forma con otros.

Declaro que cuando escojo vivir con un amor más grande, vivo como un reflejo de Cristo. El amor perfecto no viene del temor. Confío en que Dios sabe lo que está haciendo y qué me ha llamado a hacer. Seguiré su camino de amor permanente.

La herencia de Dios

Así que ya no eres esclavo, sino hijo; y como eres hijo, Dios te ha hecho también heredero.

Gálatas 4:7 NVI

Señor, como tu hija, también soy heredera de tu reino. ¡Esa es una realidad asombrosa y que me llena de honra! Todo lo que posees está ahí para mí, por medio de tu hijo. No limitas tu bondad a aquellos que poseen tu nombre. Seguiré confiando en ti, esperando llegar a vivir la plenitud de tu reino. Me esforzaré por conocerte más y más. Seguiré creciendo en tu amor, gracia y misericordia. Llevaré el fruto de tu Espíritu y seguiré sometiendo mi vida para vivir conforme tu camino.

Soy tu hija y tu heredera. Es un regalo hermoso y es una realidad maravillosa. Gracias, Padre. Declaro que soy hija del Dios viviente y soy su heredera. Todo lo que ofrece a su reino está para mí. Usaré estos recursos asombrosos para llevarle gloria y seré testigo de su gracia salvadora.

SUMISIÓN

Así que humíllense delante de Dios.
Resistan al diablo, y él huirá de ustedes.

SANTIAGO 4:7 NVI

Padre bueno, someto mi vida a ti, pues deseo que esté en tus manos. No quiero retener nada, quiero entregarte mis temores, mi vergüenza y cada proceso de pecado que me ha dejado estancada. Quiero más de ti, más de lo que quiero seguir mi propia voluntad. Quiero tu libertad más de lo que quiero las promesas vacías de este mundo.

Deja que tu amor descubra cada área que ha estado oculta. Permite que tu amor llene cada lugar resquebrajado y árido en mi corazón y en mi vida. No seguiré la imprudencia de la autoprotección o el pensamiento que baso en la vergüenza. Sé que a medida que someto mi vida a ti y evito que otro poder quiera entrar a ella, me mantendré firme en tu amor.

Nada vale lo suficiente como para perder la libertad del amor en Cristo. Dios me hizo libre, por eso soy verdaderamente libre. No voy a permitir reparaciones rápidas, sino que intensificaré mi búsqueda del Señor para recibir sanidad y abundancia.

Un poder inimaginable

Pero tenemos este tesoro en vasijas de barro para que se vea que tan sublime poder viene de Dios y no de nosotros. Nos vemos atribulados en todo, pero no abatidos; perplejos, pero no desesperados; perseguidos, pero no abandonados; derribados, pero no destruidos.

2 Corintios 4:7-8 nvi

Poderoso Dios, aunque estoy atribulada, no estoy abatida. Aunque estoy perpleja, no estoy desesperada. Aunque pueda sufrir persecución, nunca me sentiré abandonada. Puedo sentirme derribada, pero nunca destruida. Tu poder es más grande que cualquier cosa que el mundo pueda lanzarme Tu poder vivo es más confiable que el mismo amanecer y es más congruente que las olas en el mar.

Confío en tu ayuda, en tu guía y en la fortaleza que me das en cada paso de mi vida. Eres mi esperanza santa y aunque puede haber pérdidas, quebrantos y dolor en eta vida, también hay abundancia de misericordia, bendición y bondad en tu presencia. Muévete en caminos poderosos, Señor, pues dependo de ti.

Declaro que el poder de Dios puede más de lo que puedo imaginar. Descanso con la confianza de que su poder mueve mi vida asombrosamente, mientras que mi propia fuerza queda a un lado. Me sujeto a la esperanza, me sujeto a Él.

Más cerca

Acérquense a Dios, y Él se acercará a ustedes. Limpien sus manos, pecadores; y ustedes de doble ánimo, purifiquen sus corazones.

Santiago 4:8 NBLA

Dios, hoy me acerco a ti. Acércate más a mí como yo quiero acercarme a ti. Abrázame en la presencia tangible de tu Espíritu. Lléname con valor, esperanza y reposo. Inunda mis sentidos con tu bondad. Libera el dolor del cual pareciera que no puedo escapar. Señor, ministra consuelo y revive mi esperanza.

Vengo a ti con todo lo que tengo: con cada gozo, cada expectativa, cada anhelo y cada pregunta. Todo. No existe una razón para guardarme algo de esto. Sé que no me darás la espalda. Habla tus palabras sabias de vida sobre mis circunstancias y dame la perspectiva que tú tienes. Mantente cerca, Señor.

Declaro que cuando vea a Dios, me daré cuenta de que Él está viéndome a mí. A medida que yo me acerque a Él, Él se acercará a mí. Está mucho más cerca de lo que puedo darme cuenta.

HABITAR EN PAZ

En paz me acuesto y me duermo, porque solo tú, SEÑOR, me haces vivir confiado.

SALMOS 4:8 NVI

Príncipe de paz, asegúrame en tu mano. No permitas que el miedo me impida descansar en tu amor. Dijiste que tu perfecto amor expulsa todo temor. ¿Me llenarás con tu bondad? Mis preocupaciones se apagan y pierden su poder sobre mi mente cuando estoy inundada de tu compasión.

No quiero que los pensamientos tóxicos me impidan confiar en ti. No quiero pelear en contra de mis propios pensamientos. Muéstrame cómo ofrecerme compasión, así como tú la ofreces. Enséñame a observar mis pensamientos para que no le dé más importancia a aquellos que son innecesarios. Quiero aprender a habitar en tu paz en cada momento y quiero aprender a soltar la necesidad de controlar. Te amo y confío en ti.

Al soltar esos sentimientos de compulsión sobre situaciones en mi mente que vienen una y otra vez, la paz de Dios los reemplaza. Dormiré en paz y descansaré en su amor seguro. Dios es más grande que mis errores y nunca fallará.

Buen pastor

Como un pastor que cuida su rebaño, recoge los corderos en sus brazos; los lleva junto a su pecho, y guía con cuidado a las recién paridas.

Isaías 40:11 NVI

Señor, eres el pastor de mi alma. Me guías, cuidas por mí y me proteges. No me dejarás perdida entre los lobos ni permitirás que deambule fuera de tu cuidado. Gracias por la paciencia que tienes conmigo. Gracias por tu ternura. Me amas tanto que puedo decir que me amas más de lo que cualquiera podría amarme.

Confiaré en ti, te seguiré y dependo de ti todos los días de mi vida. Incluso aunque pareciera como si me has abandonado, sé que tienes un objetivo para todo. No dejarás que el maligno gane una victoria sobre mí. Siempre tiene tu mirada en mí y puedo descansar porque me cuidas.

Declaro que Dios es mi buen pastor. No me soltará ni me llevará a la destrucción. Dios es mejor que cualquiera en este mundo y yo confío en Él.

COMPRENSIÓN INFINITA

Oh Jacob, ¿cómo puedes decir que el SEÑOR no ve tus dificultades? Oh Israel, ¿cómo puedes decir que Dios no toma en cuenta tus derechos? ¿Acaso nunca han oído? ¿Nunca han entendido? El SEÑOR es el Dios eterno, el Creador de toda la tierra. Él nunca se debilita ni se cansa; nadie puede medir la profundidad de su entendimiento.

ISAÍAS 40:27-28 NTV

Creador, gracias por ver mis problemas. Gracias por conocer lo que pasa por mi mente antes de que diga una sola palabra. Gracias por ver lo que viene antes de que llegue. Confío en que me guías y confío en que me guardas. Confío en ti en todo aspecto. Te busco para encontrar sabiduría y me inclino a ti en tu fuerza.

Estoy muy agradecida de que nunca te debilitas ni te agotas. Nunca te distraes ni puedes ser burlado. ¡Todo esto llena de ánimo mi corazón! Cuida de mí como una madre cuida a su pequeño. Cura mis heridas y sáname con el aceite de tu presencia. Dependo de tu cuidado.

Declaro que al inclinarme al Señor, puedo confiar en Él con todo lo que puedo y lo que no puedo ver. No me preocuparé en pensar si Dios puede manejar mis problemas, sino que decido descansar en su cuidado amoroso y confiaré en Él para aquello que no puedo hacer.

MÁS CERCA

Él da fuerza sal fatigado, y al que no tiene fuerzas, aumenta el vigor.

ISAÍAS 40:29 NBLA

Dios poderoso, estoy muy agradecida en este momento. Es una oportunidad fresca para recibir tu misericordia. La porción de tu gracia siempre es enorme y más que suficiente para mí. Cuando esté agotada, revitalízame en tu fuerza. Cuando esté débil, ofréceme el poder de tu presencia.

Señor, soy un ser tan limitado en todo, en amor, en entendimiento y cada destreza que pueda pensar. Sin embargo, tú eres ilimitado. Eres abundante en gracia, misericordia, poder, gozo, paz, esperanza, amor y todo lo bueno. Por medio de tu Espíritu, siempre tienes más para ofrecerme de lo que yo pudiera soñar. Me entrego a ti, Señor. En ti encuentro todo lo que necesito ahora y en cada momento. Lléname con la generosidad de tu reino.

Declaro que mientras siga al Señor, Él me renovará en su fuerza. Nunca dejará que me defienda yo sola. Es la fuente de mi fuerza, poder y todas las bendiciones. Dios es mi sustento.

Renovación y refresco

Pero los que esperan en el Señor renovarán sus fuerzas. Se remontarán con alas como las águilas, correrán y no se cansarán, caminarán y no se fatigarán.

Isaías 40:31 NBLA

Señor, hoy espero en ti. Invito a tu presencia a vivir en mí desde ahora. Sé que escuchaste mis oraciones y sé que respondiste. Señor, acércate. Revela lo que traes hoy en tu corazón. Dame una mejor perspectiva de tu amor y llena mi corazón con valentía en tu misericordia.

Mientras espero en ti, ¿renovarás mis fuerzas? Me das gracia que me da poder para perseverar. Me das descanso cuando no puedo seguir avanzando. Me llevas a cuestas cuando mis piernas han desistido. Me refrescas y renuevas mi espíritu. Hazlo de nuevo, Señor.

Mientras hoy espero al Señor voy conociendo la generosidad de su amor. Me llenará con todo lo que necesito para superar cada momento con gracia y con bondad. Es mi fuente abundante.

Su palabra permanece

Se seca la hierba, se marchita la flor, pero la palabra de nuestro Dios permanece para siempre.

Isaías 40:8 NBLA

Dios eterno, gracias por la fidelidad de tu carácter y tus promesas. Tú no cambias ni te apagas. No fluctúas ni te opacas, siempre eres constante, siempre eres verdadero. Siempre cumples con tu palabra, así eres tú.

Vivir en un mundo lleno de cambio y transición obliga a mi corazón a recordar tus atributos. Conozco a personas de integridad, pero ninguno es tan congruente como lo eres tú. Confío en que seguirás obrando tus promesas en este mundo. Confío en que seguirás moviendo tu poder en mi vida. Tu palabra permanece y es viva y activa. Completa tu voluntad en mí, Señor. Soy tuya.

Declaro que la palabra contiene las promesas de nuestro Señor. Su naturaleza es fiel. Nunca cambiará, Él nunca fallará. Seguiré viendo la grandeza en la tierra de los vivientes.

Piensa en esto

Bienaventurado el que piensa en el pobre;
en el día del mal el Señor lo librará.

Salmos 41:1 nbla

Señor, no puedo escapar de tu compasión y no puedo esconderme de tu misericordia. Ayúdame a no distraerme por otras situaciones en la vida, de modo que olvide cuidar al pobre y dar voz al vulnerable. Ayúdame a no quedarme atrapada en mi propia historia, al punto que me impida poner atención a las historias de los demás.

En tu reino, todos somos hermanos y hermanas. Nadie puede estar sin tu misericordia, sin valor o sin tu ayuda. Deseo vivir bajo la sombra de tu honor y ser tan generosa como sea posible. Quiero levantar y animar a quienes lo necesitan. Ayúdame a mantener las prioridades en mi vida como se toman las prioridades en tu reino.

Dios cuida del pobre y del vulnerable, por lo tanto, yo también lo haré. Declaro que la compasión de Dios es mi fuente de misericordia y en donde nunca faltará nada. No cerraré los ojos ante el descorazonado y desanimado. Buscaré formas para animarlos y aligerar su carga.

Una ayuda firme

No tengas miedo, porque yo estoy contigo; no te desalientes, porque yo soy tu Dios. Te daré fuerzas y te ayudaré; te sostendré con mi mano derecha victoriosa.

Isaías 41:10 NTV

Dios, te necesito. En muchos pasajes de la Biblia veo tus palabras de ánimo para no preocuparse. No quiero que el miedo me aparte de mi propia vida. Lléname con la fuerza de tu Espíritu y dame el valor para seguir profundizando en el conocimiento de que estás conmigo.

No dices «no tengas miedo, no te desanimes» a quienes están con una confianza y una esperanza sólida. Lo dices al cansado y al abatido. Gracias por ese recordatorio. Señor, estoy cansada, estoy abatida. Sé mi fuerza y mi ayuda. Sostente en tu mano derecha victoriosa.

Incluso cuando me sienta cansada y temerosa, no dejaré que me impida buscar al Señor. Dios construirá mi confianza en Él al ver su fidelidad. Sus registros no tienen comparación. ¡Es tan bueno! Dios me ayudará.

La integridad sí importa

Por mi integridad me sostienes y en tu presencia me mantendrás para siempre.

Salmos 41:12 nvi

Señor, gracias por tu Espíritu que constantemente obra para ampliar mi capacidad de amar. Mientras te siga y decida seguir el camino de tu reino, también me obligaré a vivir con honestidad y rectitud. Que la integridad guarde mi corazón; deseo honrarte a ti y a los demás para evitar que me extravíe.

Sé que importa cómo decido vivir mi vida y no pretenderé que no sea así. Tu amor me ha liberado y puedo elegir seguir tu camino, el cual es mucho mejor que el camino de este mundo. Está lleno de amor que nunca me desviará, por lo que me dedico a seguir caminando en él. Ayúdame, anímame y fortaléceme durante todo este camino.

Su amor me ha redimido y la libertad del amor ahora es mía. Elijo caminar en integridad de acuerdo con la voluntad de Dios y sus caminos. Seguiré caminando detrás de él y de su sabiduría.

DIOS IMPARABLE

Sé que todo lo puedes, y que nadie puede detenerte.

JOB 42:2 NTV

Dios, siempre terminas lo que empiezas. Lo que prometiste que harías, lo cumplirás fielmente. Confío en que incluso cuando no puedo ver que está trabajando para que las situaciones funcionen, lo estás haciendo. Sé que puedes hacer todo, por lo que no me limitaré con las peticiones que haga, incluso aquellas que parezcan descabelladas. Sé que harás lo que es justo, incluso cuando no sea lo que prefiero.

Tú tomas en cuenta mis preferencias, eres justo y verdadero y estás lleno de misericordia en lo que hace. No puedo manipularte y es algo que tampoco quiero hacer. Descanso mi corazón ante ti y confío en que tú haces todo mucho mejor de lo que yo podría imaginar.

Dios puede hacer todo y nadie puede detenerlo. Es mejor que toda la humanidad. Es más fiel que cualquiera y sus intenciones son bondadosos para toda su creación. Confiaré en él plenamente de que cumplirá su palabra y mostrará misericordia a mi vida.

CANTOS NOCTURNOS

Esta es la oración al Dios de mi vida: que de día el SEÑOR envíe su amor y de noche su canto me acompañe.

SALMOS 42:8 NVI

Señor, gracias por dirigir tu amor hacia mí. No en vano digo que tú eres quien eres. Sé que soy amada completamente y que me amas tal como soy. Tus cantos son de paz, liberación y esperanza sobre mí cuando duermo en la noche. Me animas a mantener armonía con tu Espíritu diariamente.

Mi vida es una oración a ti, mi corazón es una ofrenda. Mi canto es una respuesta amorosa a tu bondad. Llena mi corazón con más de ti y calma mis preocupaciones con el gozo de tu presencia. No hay nada mejor que tu cercanía y no hay nada más dulce que el gozo de estar contigo.

El Señor me ofrece sus cánticos y yo le ofrezco mi corazón. Me mantiene en perfecta paz al tener un pensamiento permanente en Él. Capta mi atención y gana mi afecto.

Redimida y elegida

Mas ahora, así dice el Señor tu Creador, oh Jacob, y el que te formó, oh Israel: «No temas porque Yo te he redimido, te he llamado por tu nombre; mío eres tú».

Isaías 43:1 NBLA

Redentor, gracias por decir que soy tuya. Me llamaste por mi nombre antes de que pudiera reconocer tu voz. Pensaste en mí antes de que me formaras en el vientre de mi madre. Eres un creador asombroso, eres mi padre y mi amigo. Hoy vivo en el deleite de tu amor.

Te pertenezco, soy tuya y tú eres mío. No dejaré que el miedo me aleje de ti. No dejaré que impida tomar el riesgo de amarte a ti y a otros desinteresadamente. Eres mi fuente y mi provisión; tus aguas siempre son frescas y renovadas. En donde mi entendimiento se ahora y mi corazón se endurece, revíveme para que las fuentes de tu revelación fluyan.

Declaro que soy amada, redimida y elegida. Pertenezco a Dios Padre, Jesucristo hijo y al Espíritu Santo. Dios trino me acepta totalmente y me ha encontrado. ¡Aleluya!

Ríos de bendiciones

Pues estoy a punto de hacer algo nuevo.
¡Mira, ya he comenzado! ¿No lo ves? Haré un camino a través del desierto; crearé ríos en la tierra árida y baldía.

Job 43:19 NTV

Restaurador, siempre hacer algo nuevo en tu misericordia. No eres un Dios que solo establece normas, pero siempre sabes lo que estás haciendo. Nos llenas con una bondad que sobreabunda de tu presencia justo en donde estamos para darnos lo que necesitamos con exactitud.

Confío en que no has terminado tu obra en mí. Confío en que no he terminado de saborear tu bondad y que no he llegado a ver el pináculo de tu amor en mi vida. Haces un camino en donde nadie lo ha hecho y dejas fluir ríos en las tierras áridas donde he caminado. Eres un restaurador, eres mi redentor. Te busco para recibir esperanza y una visión fresca.

El glorioso Señor de toda la creación sigue obrando en mi vida. Sigue llenándome de misericordia, sigue siendo fiel y sigue siendo bueno. Me aferro a su verdad hoy y animo mi alma en su fidelidad.

Confío en Él

Cuando cruces las aguas, yo estaré contigo;
cuando cruces los ríos, no te cubrirán sus aguas;
cuando camines por el fuego, no te quemarás
ni te abrasarán las llamas.

Isaías 43:2 NVI

Dios fiel, aunque vengan tormentas en esta vida, confío en que nunca me dejarás sola. Estarás conmigo en esos ríos salvajes donde se desborden las aguas de los problemas. No me dejarás sola en las pruebas de esta vida. Me mantendré firme y cimentada en tu amor. Incluso cuando camine por los fuegos de las pruebas, no me quemaré porque me mantendrás a salvo.

Señor, eres mi ánimo y mi fuerza. Gracias por mantener fiel tu promesa. Confío más en ti que en cualquier otra persona. Confío en que harás lo que dices que harás. Confío en que nunca me abandonarás, sin importar cuán difícil se torne todo en la vida. Gracias por mantener tu presencia constante.

Declaro que mi corazón confía en la fidelidad del Señor y en la bondad, más que en las duras realidades de la vida. Dios terminará lo que empezó y hará un camino en donde no había. Es el ancla de mi alma y mi esperanza está en Él.

OCTUBRE
Cuando clamo, respóndeme,
oh Dios de mi justicia.
En la angustia me has aliviado;
ten piedad de mí,
escucha mi oración.
SALMOS 4:1 NBLA

Poder redentor

Como si fuera una nube he borrado tus transgresiones
y tus pecados, como la bruma de la mañana.
Vuelve a mí, que te he redimido.

Isaías 44:22 NVI

Salvador, gracias por tomar mi vergüenza y separarme de ella. Me has perdonado y purificado, has eliminado mis ofensas. Como la bruma de la mañana, se evaporaron ante tu presencia. Regreso a ti y seguiré regresando a ti todos los días de mi vida. Eres mi redención y mi gracia salvadora. ¿Por qué divagaré y pelearé yo sola cuando me has llamado y me has dado la bienvenida a tu reino con los brazos abiertos?

Quiero vivir en la libertad de tu amor, en el deleite infinito de tu afecto y en el poder de tus propósitos. Gracias, Señor, por no sostener mi pasado en contra de mí. Así como dista el este del oeste, así se alejarán de mí esas transgresiones. ¡Gracias!

He sido redimida por amor y ahora vivo en la libertad de ese mismo amor. No me quedaré en el pasado porque Dios no lo hizo tampoco. Tampoco guardaré rencor a otros porque Dios me ha lavado. Soy libre en su misericordia.

Riquezas secretas

Te daré tesoros escondidos en la oscuridad, riquezas secretas. Lo haré para que sepas que yo soy el Señor, Dios de Israel, el que te llama por tu nombre.

Isaías 45:3 NTV

Señor, no hay tesoro más grande en los cielos o en la tierra que conocerte y no se trata de un ideal lejano que no pueda lograr. Me acercaste a ti en un amor bondadoso y logré llegar a ti por medio de Jesucristo. Es un regalo hermoso saber que me conoces y pasar mi vida conociéndote también. Anhelo los tesoros ocultos que se almacenan en lugares secretos de tu presencia.

Me llamaste primero y hoy sigues llamándome. Me hablas por mi nombre y puedo llegar a ti corriendo. Aquí estoy, Señor. Revélame tu corazón en formas inigualables hoy.

Hay abundancia en la sabiduría de Dios y la recompensa es conocerlo. Me entrego a esta búsqueda santa. Quiero conocerlo más de lo que quiero el éxito de esta vida. Mientras siga buscándolo, Dios se revelará y me dará más de su sabiduría y de su reino. ¡Es como una danza hermosa entre ambos!

Refugio eterno

Dios es nuestro refugio y nuestra fortaleza, nuestra segura ayuda en momentos de angustia.

Salmos 46:1 nvi

Dios, eres mi refugio y mi fortaleza. Eres mi ayuda en medio de los problemas y te mantienes constante en mi vida sin abandonarme. Dependo de ti y me inclino ante tu entendimiento y no el mío. Deseo seguirte conociendo más, en especial cuando las presiones de la vida quieren oprimirme. Corro al lugar seguro de tu presencia. Siempre estás para mí y nunca me das la espalda. ¡Gracias!

En ningún momento quiero tomar tu amor como algo simple, aunque sabemos que a veces así podría tomarlo. Estoy tan agradecida que no buscas la perfección en mí. Solo pides un corazón humilde y dispuesto. Te amo, Señor. Me someto a ti y corro a ti. Gracias porque siempre me esperas con los brazos abiertos. Me llenas de honra con tu misericordia extravagante.

Declaro que el Señor es mi fuerza y mi refugio. Es mi ayuda en cada prueba y problema. Es mi fuente constante de bendiciones y la roca en la que me refugio en cada temporada de mi alma. Él es el lugar seguro.

En quietud para reconocer

«Quédense quietos, reconozcan que yo soy Dios.
¡Seré exaltado entre las naciones!
¡Seré enaltecido en la tierra!».

Salmos 46:10 nvi

Amado Dios, mantengo la quietud delante de ti. Inhalo profundamente para calmar mi sistema nervioso mientras enfoco mi atención en ti. Sigo tranquila, inhalando tu presencia y con el corazón enfocado en este único momento. Aquí es donde me conociste. Todo lo que tengo es este momento, donde tú estás cerca. Estás aquí en la plenitud de tu amor. Tú, quien nunca puede ser apagado, has venido a verme. Estás aquí conmigo y estoy agradecida.

Mientras mantenga esta relación con tu Espíritu, anhelo que tu sabiduría me hable. Así como la profundidad llama a seguir profundizando, así tú sigues llamando en susurros para seguir profundizando en mi alma. Confío en ti, Señor, pues soy tuya.

Declaro que siempre que me sienta abrumada, tomaré algunos momentos para cerrar mis ojos y mantenerme quieta delante del Señor. Dirigiré mi atención a su fidelidad y mi mente a su bondad.

POR SIEMPRE Y PARA SIEMPRE

¡Este Dios es nuestro Dios eterno!
¡Él nos guiará para siempre!

SALMOS 48:14 NVI

Dios eterno, te seguiré hasta el fin. No hay nadie mejor, nadie más sabio ni más misericordioso que tú. Te entrego mi vida, guíame. Eres mi Dios y eres el Dios de todas las eras. Mi vida solo es un corto respiro en toda esta eternidad y a pesar de ser así, tú piensas en mí. Gracias por llamarme, elegirme y amarme tan completamente.

Me encuentro en el punto decisivo de la creación con el anhelo de conocerte. Soy solo una miniatura entre la creación, pero, aun así, mis anhelos se unen a otros que están unidos a ti. Vengo de ti y regresaré a ti, mientras tanto, guíame entre los montes y los valles de esta vida.

Declaro que confío en el Señor y en la Biblia. Confío en que, de época en época, Él permanece fiel. Es fiel en amor, considerado en bondad y poderoso en redención. Lo seguiré hasta el fin.

Nunca me olvidas

«¿Puede una madre olvidar a su niño de pecho y dejar de amar al hijo que ha dado a luz? Aun cuando ella lo olvidara, ¡yo no te olvidaré!

Isaías 49:15 NVI

Amado Dios, gracias por cuidarme con tanta ternura. Cuando pienso en la ferocidad de una madre y el amor tan tierno que da a su hijo, solo me queda conmoverme por la verdad de que tu amor es mucho más apasionado. Dijiste que nunca olvidarías a tu pueblo. No retiras tus promesas porque siempre eres fiel. Lo que dices es verdad y confío en tu amor.

Señor, recuérdame cuánto profundamente me conoces y cuidas de mí. Refresca mi esperanza en las aguas que dan vida en tu presencia. Revitaliza mi cansado corazón en tu cercanía. Sujétame, Señor. Solo necesito que me sostengas.

El amor del Señor es mucho más feroz que el de una mamá osa y es mucho más constante que el cuidado de una madre. Dios me ha visto, me conoce y me ama. Hoy me abraza su misericordia.

Esculpida en su mano

Grabada te llevo en las palmas de mis manos;
tus muros siempre los tengo presentes.

Isaías 49:16 NVI

Jesús, gracias por tu sacrificio. Las lejanías a las que llegaste para mostrar el amor del Padre son demasiado para mí para lograr entenderlas totalmente. Diste tu vida por nosotros y te entregaste en humildad y libertad. Te convertiste en humano y viviste entre nosotros. Pasaste por hambre, cansancio y la alegría de compartir con otros. También pasaste por traición, así como por adoración.

Viviste la experiencia humana total. Soportaste la muerte en una cruz para rendirte a una tumba durante tres días sin poder alguno. Pero ¿cuál es la mejor parte? Que todo lo hiciste por amor. Gracias por el poder de tu resurrección y por la abundancia de tu misericordia. Soy tuya, Señor.

Mi Señor Jesús ve por lo que paso en la vida y conoces mis dificultades. No me da la espalda, sino que comprende y me libera en su amor. Viviré para conocerlo mucho más.

La restauración llega

Luego de que ustedes hayan sufrido un poco de tiempo, Dios mismo, el Dios de toda gracia que los llamó a su gloria eterna en Cristo, los restaurará y los hará fuertes, firmes y estables.

1 Pedro 5:10 NVI

Dios de gracia, gracias por la promesa de restauración y redención. Las pérdidas, el dolor y el desánimo no se disfrutan. Sin embargo, tú has dicho que ese no es el final. El dolor no me destruirá, el desánimo no será mi porción de vida. Estás lleno de misericordia aquí y ahora. Prometes obrar para mi bien y para tu gloria. Confío en que harás eso con cada parte de mi historia.

No me dejes en mi dolor, Señor. Acércate y susúrrame tus palabras de vida. Eres el refresco de mi alma. Confío en que me restaurarás y me harás más fuerte, firme y estable. Ven pronto.

Dios está lleno de gracia en cada momento. Dios me dará poder para perseverar hoy con su presencia llena de gracia y confío en que Él traerá restauración y redención en su tiempo. Me sostengo en la esperanza.

BIENAVENTURADOS EN TODO

Bienaventurados los que padecen persecución por causa de la justicia, porque de ellos es el reino de los cielos.

MATEO 5:10 RVR1960

Señor, no quiero tomar tu palabra a la ligera. No quiero engañarme al pensar que puedo escapar del sufrimiento inevitable que viene con la humanidad. Nadie escapa de la dureza ni puede evadir la pérdida.

Cuando enfrente los dolores de la humanidad, ¿estarás ahí para animar mi corazón en tu verdad eterna? Permaneceré en mi deseo de seguirte sin importar lo que venga. Tus caminos son mejores que el mío. Tu amor es digno de cada sacrificio que pudiera tomar. Te amo más de lo que amo mi comodidad. Eres el camino, la verdad y la vida y te seguiré.

Declaro que sin importar lo que enfrente en esta vida, ya sea dificultad, pérdida o persecución, soy más que vencedor en Cristo. Él es mi victoria y su reino es mi hogar. Es una esperanza santa y no me rendiré en Él, pues nunca se rinde conmigo.

Rodeada con tu escudo de amor

Porque tú, Señor, bendices al justo;
cual escudo lo rodeas con tu buena voluntad.

Salmos 5:12 NVI

Protector, gracias por ser mi escudo y mi fuerza. Eres mi sostén y mi fuente. Eres la esencia del amor y la bondad en todo lo que haces y sé que nunca cambiarás. Cuando no entienda cómo obras tu misericordia en mi vida, acércame más a tu corazón. Dame tu perspectiva para entender cómo ver la eternidad. Dame ojos para ver y oídos para oír lo que haces y lo que dices.

Quiero que me rodees todos los días de mi vida. Quiero vivir a la luz de tu reino y moverme en el poder de tu gracia. Lléname con tu amor, rodéame con tu luz y rompe los muros del miedo con tu perfecta paz.

El Señor bendice a quienes le buscan. Lo buscaré hoy para todo lo que necesito. Es mi fuente de fortaleza, esperanza y gozo. No hay nadie como Él.

Confianza absoluta

Esta es la confianza que tenemos al acercarnos a Dios: que, si pedimos cualquier cosa conforme a su voluntad, él nos oye.

1 Juan 5:14 NVI

Amado Dios, sé que me recibes con los brazos abiertos de un Padre amoroso. Esperas a que regrese a ti y te busque cuando he salido a buscar mi propia voluntad. No hay razón para temer al pensar en cómo me recibirás en tu presencia. Eres bueno, misericordioso y verdadero. Estás lleno de justicia y es que eres mi justicia. No tengo que probar nada delante de ti porque tú me conoces completamente y me amas tal como soy.

Hoy corro hacia tus brazos y me quedo sin nada al hacerlo. Lléname con tu amor envolvente y responde las súplicas de mi corazón con tu fidelidad. Anhelo más de ti de lo que anhelo cualquier otra cosa.

Declaro que puedo acercarme a Dios con confianza porque Él me ha recibido. Tengo una invitación abierta ante su presencia y no dudaré ni un momento más.

Piensa en esto

Por lo demás, hermanos, todo lo que es verdadero, todo lo honesto, todo lo justo, todo lo puro, todo lo amable, todo lo que es de buen nombre; si hay virtud alguna, si algo digno de alabanza, en esto pensad.

Filipenses 4:8 RVR1960

Señor, cuando leo este versículo, mi corazón salta un poco. Tu reino es mejor que los gobiernos de este mundo. Tu punto de referencia es más alto y puro, y va cargado de buen fruto. Seguiré meditando en tu palabra hoy y conduciré mis pensamientos a lo que es auténtico y real.

Fijaré mi atención a lo que dice 'de buen nombre', a lo 'digno de alabanza' que me rodea. Buscaré la belleza y el respeto en las relaciones que tenga con los demás. Pensaré en lo que es puro y santo a tu vista y me enfocaré en lo que es misericordioso y amable. Cuando busque todo esto en el mundo que me rodea, sabré que no puedo equivocarme si me conduzco por tu estrella porque ahí estás tú.

Declaro que la bondad de Dios está presente en el mundo en estos frutos de su reino. Los busco como busco un tesoro. Elegiré dirigir mi mirada hacia ello y me regocijaré al encontrarlos.

HONRA PARA BENDICIÓN

Honra a tu padre y a tu madre, como Jehová tu Dios te ha mandado, para que sean prolongados tus días, y para que sean prolongados tus días, y para que te vaya bien sobre la tierra que Jehová tu Dios te da.

DEUTERONOMIO 5:16 RVR1960

Señor, gracias por la sabiduría de tu palabra. Gracias por darme esa perspectiva que nos permite vivir en libertad y en tus caminos. Sé que la honra engendra honra en tu reino, por lo que te suplico que me enseñes a conocer qué significa realmente la honra para ti. Sé que no se trata de obedecer ciegamente, sino de tener una relación viva.

También debe ser lo que quieres en las familias. Permite que honre a los que están cerca de mí al acatar su sabiduría y tomar en cuenta sus opiniones. Deseo mostrar respeto, incluso cuando no estoy de acuerdo con lo que piensan. Permite que las conexiones se mantengan intactas incluso en el conflicto y que pueda seguir adelante con gracia, compasión y honor.

Declaro que honraré a quienes estén mi vida. Actuaré con bondad, amor y misericordia. Escucharé a quienes me conocen bien y tomaré en cuenta su sabiduría para tomar mis decisiones.

ORACIONES PODEROSAS

Por eso, confiésense unos a otros sus pecados y oren unos por otros, para que sean sanados.

SANTIAGO 5:16 NVI

Sanador, quiero ser más y más como tú en mi vida de oración, así como en mis relaciones. Quiero reflejar tu bondad, verdad y poder en todo lo que haga. Gracias por tu ejemplo de humildad que nos hace ver que no debemos pensar que somos más importantes que los demás.

Elijo ser humilde ante los demás desde hoy. Quiero confesar ante ti cada acción de pecado y egoísmo que puede haber en mi vida y deseo orar por ello. Tu palabra dice que la oración del justo es poderosa y efectiva. Tú eres mi justicia y en tu autoridad quiero vivir, moverme y ser quien soy. Que tu poder sea evidente en mi vida de sumisión.

Declaro que hoy es un día de avance para mi vida. No voy a evitar confesarte mis pecados, orar ante ti y buscar la reconciliación. Puedo lograr objetivos difíciles porque Cristo está conmigo. ¡Me guiará en este proceso de avance!

Nueva en Cristo

De modo que si alguno está en Cristo,
nueva criatura es; las cosas viejas pasaron;
he aquí todas son hechas nuevas.

2 Corintios 5:17 RVR1960

Jesucristo, gracias por la renovación que encontré en ti. Vivir en relación contigo me hace una nueva criatura. Mi forma antigua de vivir no define mi futuro. Hoy dependo de ti para tener una transformación continua mientras logro el objetivo de estar plena y sana. Reconozco que puedo decidir sobre mi propio crecimiento y es algo que no voy a dejar olvidado.

Gracias por la redención que has sembrado y que todavía sigue sembrando en mi historia. No hay nada tan lejos que no pueda ser restaurado. No hay esperanza muy noble que no pueda cumplirse. Contigo, lo imposible se vuelve posible. Sé que es cierto porque ya experimenté tu poder de resurrección en mi corazón.

Estoy en Cristo, por lo que soy nueva en Él. Hoy, Él me acepta totalmente, me ama en plenitud y me da vida. Me restaura y redime lo que se había perdido. Todo lo hace nuevo y seguirá actuando así.

Una visión más grande

Así que hemos dejado de evaluar a otros desde el punto de vista humano. En un tiempo, pensábamos de Cristo solo desde un punto de vista humano. ¡Qué tan diferente lo conocemos ahora!

2 Corintios 5:16 ntv

Maravilloso Dios, estoy tan agradecida de que tu visión sea tan diferente a la mía. Al entrar en esta relación contigo, por medio del espíritu, tú revelas una mejor perspectiva y transformas mis pensamientos y los cambias totalmente. Dame los ojos de tu compasión cuando vea a otras personas. Permite que vea por medio de los lentes de tu misericordia y el poder de su identidad en ti. Eres su creador en la misma magnitud en que eres mi creador.

Renueva mi mente en la amplia sabiduría de tu reino y dame una claridad más grande para dejar las huellas de tu bondad en cada persona. Quiero conocerte más, ser transformada por tu amor y hablar en la libertad de tu poder. Gracias.

Declaro que la visión de Dios es mucho mejor que la propia, por lo que no dependeré de mi propio entendimiento. Deseo conocerte más y ser más como Él, vivir más de su corazón compasivo por medio de esta armonía.

MINISTERIO DE LA RECONCILIACIÓN

Y todo esto proviene de Dios, quien nos reconcilió consigo mismo por Cristo, y nos dio el ministerio de la reconciliación.

2 CORINTIOS 5:18 RVR1960

Redentor, gracias por tu reconciliación. Gracias por hacer todo lo que se debe hacer para que conozca tu Espíritu y verdad. Hiciste un camino en donde no había ninguno y continuamente me llevas a la plenitud del Padre. No hay nada mejor que elegir tus caminos.

¿Quién más podría romper las cadenas del pecado, vergüenza, temor y muerte para hacernos libres en un amor magnífico? Solo tú, Jesús, por lo que estoy muy agradecida. Elijo seguirte hoy y buscar formas en las que ministre reconciliación a otros. En esas ocasiones en las que he sido un apoyo frío, ayúdame a inclinarme a ti para contagiarme de tu calidez y compasión. Habla, Señor, que te escucho.

Dios me ha dado gran bondad. Ahora, formo una alianza con Él para dar esa bondad a los demás. En lugar de defenderme, buscaré los medios para extender misericordia.

Amor extravagante

Y andad en amor, como también Cristo nos amó, y se entregó a sí mismo por nosotros, ofrenda y sacrificio a Dios en olor fragante.

Efesios 5:2 RVR1960

Jesús, sigo rindiendo mi corazón a ti. Tu amor extravagante es la fuente de mi fuerza, gozo y esperanza. Me refrescas y renuevas en tu presencia. Me llenas cuando estoy vacía. Eres todo lo que necesito y te necesito demasiado.

Que tu amor sea combustible para mi vida hasta que sea un aroma de adoración ante el Padre. Quiero vivir como una fragancia dulce y sanadora en un mundo en donde la muerte y la decadencia están desenfrenadas. Tu amor es mejor que la vida misma. Es puro, es poderoso y más de lo que cualquiera pudiera describir. Quiero conocerte más. Lléname desde el interior y permite que mi vida rebose con tu bondad.

Declaro que mi vida, mi corazón y mi ser se rinden al amor extravagante de Cristo. Es más que suficiente para mí y conocerlo es tan dulce, que es imposible describirlo. Estoy viva en su amor.

Bondad incomparable

En cambio, la clase de fruto que Espíritu Santo produce en nuestra vida es: amor, alegría, paz, paciencia, gentileza, bondad, fidelidad.

Gálatas 5:22 NTV

Espíritu, quiero que mi vida refleje tu bondad. Quiero estar llena de tu fruto y poder transmitir de esos frutos para tu gloria. Produces amor puro y apasionado, gozo profundo al que aferrarnos, una paz poderosa y constante, una paciencia incansable y llena de gracia, una gentileza infalible y gloriosa, una bondad indescriptible y una fidelidad eterna. Todo lo que haces siempre es bueno y puro para ayudarme en mi madurez.

Te ofrezco acceso a cada parte de mi corazón y vida. ¡Cuánto anhelo conocer tu bondad en los detalles de mi vida! Estoy agradecida de que estés presente conmigo en los pequeños detalles, como cuando hay eventos de gran relevancia en mi vida. Tu misericordia se cultiva en un jardín que poseo interno y donde me llenas de tu presencia.

Me entrego al Espíritu Santo en todas las áreas. Está obrando en mí para producir una recompensa de su fruto. Veré dónde está obrando para que pueda buscar la evidencia del amor, gozo, paz, paciencia, gentileza, bondad y fidelidad.

CADA MAÑANA

Oh Jehová, de mañana oirás mi voz; de mañana me presentaré delante de ti y esperaré.

SALMOS 5:3 RVR1960

Señor, gracias por escuchar mi voz cuando te hablo. Cada mañana y a cada momento, mientras te cuento lo que necesito, espero por tu respuesta. En este proceso de darte y recibir, toma lugar una conversación hermosa en la que nos relacionamos con tu Espíritu. Aprendo a depender más de tu sabiduría que de mi propio conocimiento.

No dejaré de acercarme a ti cada vez que piense en ti. Eres mi esperanza y la fuente de mi gozo. Eres mi fuerza y mi propósito. Todo lo que necesito encuentra su verdad y cumplimiento eterno en ti. Vendré delante de ti antes de buscar respuestas en cualquier otro lugar. Eres mi consejero, mi líder y mi proveedor. ¡Gracias!

Declaro que cada mañana busco al Señor y en cada oración veo la llenura de la plenitud del amor de Dios. Responde a mis plegarias, busca tener una relación conmigo y me guía. Seguiré buscándolo.

La esperanza más grande

Y no solo en esto, sino también en nuestros sufrimientos, porque sabemos que el sufrimiento produce perseverancia; la perseverancia, entereza de carácter; la entereza de carácter, esperanza.

Romanos 5:3-4 NVI

Señor, gracias por la gran esperanza que dispones para mí, incluso en los momentos más oscuros. Ningún sufrimiento es una carga demasiado pesada, pero no es el fin. Toma esos momentos vulnerables para producir algo hermoso para tu reino, Señor.

Cuando sufro, aprendo a perseverar. Por medio de la perseverancia, se fortalecen mi carácter y mi fortaleza. El desarrollo del carácter nos permite tener más esperanza para tu reino. Nunca dejas de obrar en misericordia y nunca me abandonas en mis dificultades. Gracias por tu presencia continua que me guía, me modela y me construye en tu amor. Dependo de ti.

Sin importar cuán desanimada pueda sentirme en algún momento de mi vida, creo que hay esperanza en Cristo. Ahí encuentro gozo, paz y vida. Siempre tendrá suficiente y más. Seguiré aprendiendo de Él e invitaré a su abundancia a que rebose esos espacios donde hay carencia.

Promesa de consuelo

Bienaventurados los que lloran,
pues ellos serán consolados.

Mateo 5:4 LBLA

Consolador, ya conocí el dolor y estoy segura de que volveré a experimentarlo nuevamente. Aunque es doloroso, de alguna manera me invita a avanzar por encima de él. Tu amor me visita en mi dolor y me consuela. No vienes con premura a darme órdenes para que salga de ese dolor. Lo que haces es un camino donde puedo caminar y donde eres mi compañía continua.

Incluso cuando la oscuridad cubra mi entendimiento de tu gran misericordia, seguirás ahí conmigo. Sigues sembrando bondad mientras camino en el desierto. Me inclino a tu amor y dependo del sostén que me da tu presencia. Cuando no pueda moverme, me llevarás en tus brazos. Acurrucada a tu lado, sé que me mantendrás a salvo a través de esta situación.

No voy a huir del dolor, sino que caminaré a través de él con Dios como mi consuelo y compañía. Voy a superarlo y conoceré un amor mucho más grande, gracias a las profundidades de mi pérdida.

Sello de esperanza

Y el que nos preparó para esto mismo es Dios, quien nos dio el Espíritu como garantía.

2 Corintios 5:5 LBLA

Maravilloso Dios, gracias por tu Espíritu, que es el sello de tu regreso prometido. He probado y visto la bondad de tu presencia a través de la comunión que mantengo con el Espíritu Santo y anhelo mucho más. Me has revelado tu carácter y tu fidelidad gracias a esa relación que existe entre nosotros.

¡Qué misterio más glorioso y maravilloso es conocerte! Perseguir tu corazón y que me conozcas en mi intimidad es una búsqueda santa. Me llamaste de la tiranía de las cosas mundanas a una esperanza gloriosa de tu reino. Tu amor fiel todavía no ha terminado la obra que haces en mi vida.

Tengo una esperanza completa y expectante en Jesús. El Espíritu está en la presencia total de Dios, quien está conmigo ahora. Me alegraré en su presencia y creceré para conocerlo más.

HUMILDAD Y FORTALEZA

Bienaventurados los humildes,
pues ellos heredarán la tierra.

MATEO 5:5 LBLA

Buen Padre, amo que Jesús representara tu amor y no solo tu poder, porque en ti también encontramos dulzura. Quiero cultivar la humildad como una fortaleza en mi vida sin el miedo de que me manipulen o de que me intimiden. Has dicho: «Bienaventurados los humildes, pues ellos heredarán la tierra». Quiero vivir con una delicadeza tranquila que busque lo correcto en todo lo que hace. Quiero vivir con amor que no necesariamente grite para establecer su presencia, sino que demuestre el poder de su dulzura.

La compasión es un sinónimo de humildad. Nos complementa en donde estemos. Quiero expresar compasión a otros en la misma manera y sin el deseo de controlar o manipular. Eres mucho mejor en tu amor de lo que pudiera imaginar, lo que me lleva a anhelar ser más como tú. Ayúdame a mantener bien definidas mis prioridades.

Declaro que la humildad es una fortaleza y la dulzura es un principio. No me reafirmaré en mi propia protección, ni endureceré mi corazón a quienes están lastimados. Permaneceré sensible y el Señor preservará su amor en mi corazón en perfecta paz.

La esperanza no defrauda

Y esta esperanza no nos defrauda, porque Dios ha derramado su amor en nuestro corazón por el Espíritu Santo que nos ha dado.

Romanos 5:5 NVI

Espíritu Santo, derrama tu amor en mi corazón en una gran medida en este día. En ti jamás hay carencia de amor. En el reino de Dios no hay tempestad. Lléname con los recursos de tu infinita misericordia e inúndame con la medida de tu generosa gracia. La esperanza que mantenga en ti siempre será fructífera y nunca me rendiré a ella.

Te ofrezco las áreas de mi corazón que están secas, quebrantadas y desesperadas, cámbialas por un toque fresco de tu presencia. Lléname, Señor. No te alejes de mí, sino acércate para celebrar la abundancia de tu amor. ¡Te necesito!

En nuestra comunión con el Espíritu Santo no hay carencias, solo abundancia. Ahí tengo más de lo que necesito, ahí hay esperanza y hasta aquello que me es imposible suplicar.

UNA CONFIANZA ACTIVA

Así que humíllense ante el gran poder de Dios, y a su debido tiempo, él los levantará con honor.

1 PEDRO 5:6 NTV

Glorioso Dios, tu presencia me deja impresionada y asombrada. A medida que mi perspectiva se extienda a la luz de tu vida, siento que el tiempo va más lento y cada sentido cobra vida. Refresca mi corazón en tu esperanza y revive mi alma en la luz que da vida. Me humillo ante ti porque anhelo estar llena de tu presencia para cubrir mi corazón agotado y para que mis cargas sean más ligeras.

Confío en tu tiempo para cumplir todas mis esperanzas, sueño y planes. Confío mis anhelos en tus manos. No dejaré el trabajo que me has dado, pero dejaré de controlar cómo debería ser. Eres mejor que yo y tus caminos son mejores que los míos. Tu entendimiento cubre todo lo que yo no puedo tomar en cuenta. Confío en tu tiempo.

Permaneceré humilde ante el Señor y confío en que seguirá siendo fiel. Confío en su tiempo más que en el mío y libero la necesidad de controlar mi futuro.

La fiesta

Dichosos los que tienen hambre y sed de justicia, porque serán saciados.

Mateo 5:6 NVI

Señor, tengo hambre y sed de ti, así como el siervo brama por corrientes de agua en un día caluroso. Anhelo agua fresca de tu fuente. Anhelo el sabor y la vista de tu gran bondad nuevamente. Eres la justicia personificada y anhelo eso de ti. Estoy muy agradecida de que hayas invitado a aquellos que te buscan a la mesa del banquete de tu presencia. En este lugar tendremos una fiesta que espera a quienes deseen venir.

Hoy vengo con todas mis faltas y mis imperfecciones. Dejo a un lado cada preocupación y cada asunto que me obliga a alejarme de ti. En este momento, me enfoco totalmente en ti, ayúdame a llenarme nuevamente con tu amor que da vida.

No importa si tenemos hambre o sed, pero lo buscaremos en ti. Tengo hambre y sed de la presencia de Dios sobre cualquier otra cosa. Busco su sabiduría, su consuelo y su amor. Sé que me llenará con la abundancia de su Espíritu.

Dejo de lado el estrés

Pongan todas sus preocupaciones y ansiedades en las manos de Dios, porque él cuida de ustedes.

1 Pedro 5:7 NTV

Amoroso Dios, claramente ves el peso de mis preocupaciones y conoces mis cargas. No quiero seguir cargándolas sola. Te ofrezco todas mis preocupaciones y toda mi ansiedad, todo lo derramo delante de ti. Las dejaré aquí y tú llenarás todo el espacio vacío que dejen en mi vida, lo llenarás con tu amor.

Sé que no se suponía que debía llevar el peso del mundo en mis hombros. No es mi responsabilidad ser perfecta. No es mi deber cubrir la debilidad de los demás con mi fuerza. Me alegro y lleno en tu amor, tomas todo el peso y me das una carga ligera. Gracias por mejorar todo, por el alivio y el refresco de tu presencia.

¡Ya no tengo que llevar el peso de mi ansiedad! Declaro que lo entrego todo a Dios y lo dejaré ahí con Él. Confío en él que hará lo que yo nunca podría hacer sola. Sé que Él es fiel, verdadero y bueno.

MISERICORDIOSO Y VERDADERO

Bienaventurados los misericordiosos
pues ellos recibirán misericordia.

MATEO 5:7 LBLA

Misericordioso Dios, quiero parecer más como tú cuando interactúe con los demás. Quiero ser transformada a tu imagen en cada área de mi vida. Reconozco que tu misericordia se extienda hacia mí en abundancia y que esta misericordia me permita ofrecerla no solo a mí, sino también a los demás.

¡Tienes tanto amor, tanta gracia! En tu presencia encontramos gran libertad. Confío en que mientras esté contigo para cumplir con tu propósito, tú te encargarás con justicia. Donde sienta la tentación de armarme en orgullo, permitiré que el amor se extienda, así como también daré espacio para el beneficio de la duda sobre algunos, ya que de esa forma extiendo compasión. Al mismo tiempo, voy a mantener los límites que necesito para que, en amor, puedan ayudar a sostenerme, tanto a mí como a los demás. Gracias por tu ayuda en todas estas áreas de mi vida. Me rindo a ti.

Dios ha sido misericordioso para mí y sigue siéndolo. No limitaré la misericordia cuando esté en mis manos ofrecerla. Daré misericordia a mi ser ante mis propias imperfecciones y las reacciones por el dolor, así como a los demás en sus propias situaciones. Dios es grande en misericordia.

El pacto me cubre

Pero yo, por tu gran amor puedo entrar a tu casa;
puedo postrarme reverente hacia tu santo Templo.

Salmos 5:7 NVI

Cumplidor de promesas, gracias por tu fidelidad. Nunca fallas y sé que nunca lo harás. Eres fiel y verdadero, así como lo dice tu palabra. Tu pacto me cubre de misericordia y amor y sé que me recibirás en tu reino al momento que pase de lo temporal a lo eterno.

Vengo delante de ti con un asombro profundo, vengo a adorarte en espíritu y en verdad. Eres mi Dios y te busco a ti sobre todo y todos. Eres mi esperanza y todos mis anhelos se cumplen en ti.

El pacto de Dios son sus votos eternos. No puede retractarse ni su misericordia puede titubear. Su pacto me cubre de amor y nunca saldré de él. Viviré con confianza y lo adoraré por su eterna bondad.

Amor eterno

Pero Dios demuestra su amor para con nosotros, en que siendo aún pecadores, Cristo murió por nosotros.

Romanos 5:8 LBLA

Cristo, gracias por la pasión de tu amor que te hizo venir a la tierra para vestirte de humanidad. Tomaste cuerpo de hombre y te limitaste al vivir como tal. Iniciaste este camino como un bebé y creciste tanto en entendimiento como en autoridad. No tomaste en cuenta tu propia vida como algo a qué aferrarte porque pensaste en nosotros.

Nunca podrá agradecerte lo suficiente o derramar suficiente amor para volverte a pagar, pero eso es lo hermoso, que no quieres un pago, solo una relación conmigo. ¡Tengo vida en ti! Gracias, Jesús. Gracias por romper la maldición del pecado y de la muerte que me tenía atada en este mundo a ciclos de vergüenza, temor y carencia. Eres el Dios abundante y nos has dado vida abundante a la humanidad mediante el poder de resurrección que se dio en tu sacrificio.

Declaro que el amor apasionado de Dios vale mi sumisión, mi confianza y mi asombro. Lo adoraré porque es lo mejor que me pudo pasar. Dios posee un amor leal, íntegro y poderoso. Dedicaré mi vida para amarlo.

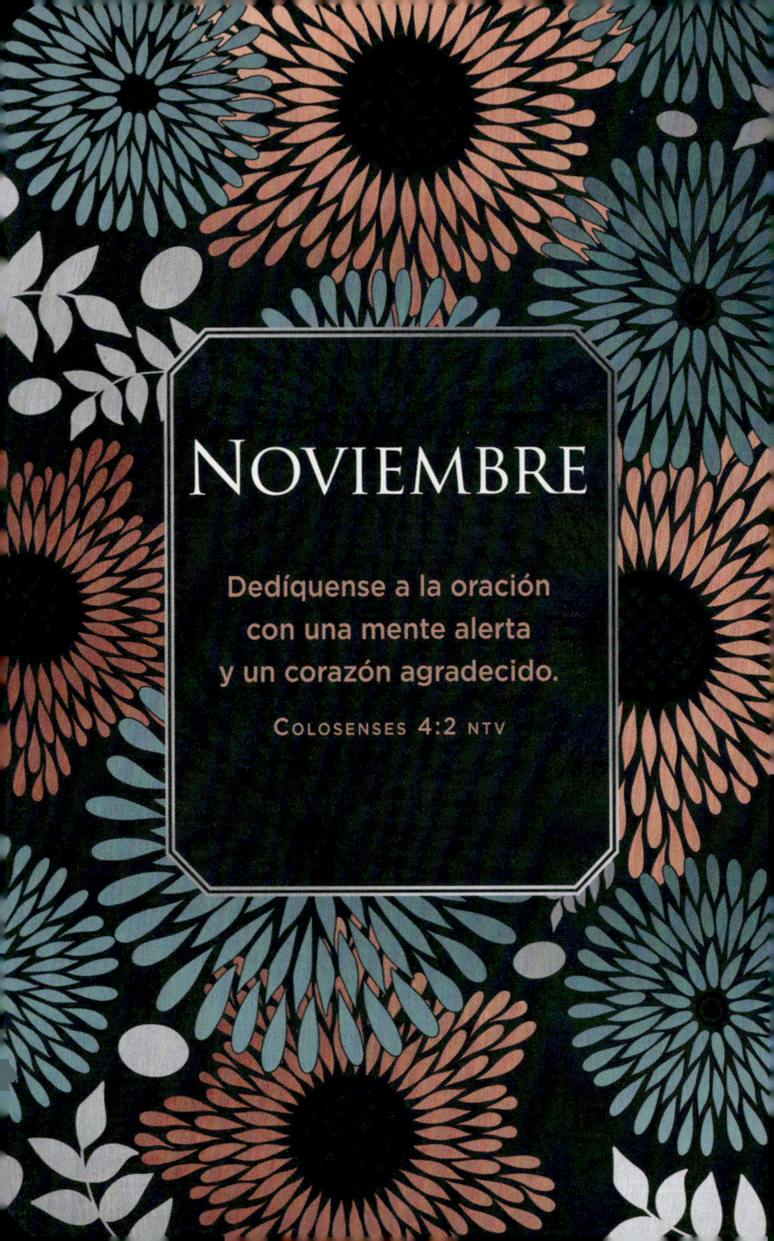
Noviembre
Dedíquense a la oración
con una mente alerta
y un corazón agradecido.
Colosenses 4:2 NTV

Hijos de luz

Pues antes ustedes estaban llenos de oscuridad, pero ahora tienen la luz que proviene del Señor. Por lo tanto, ¡vivan como gente de luz! Pues esa luz que está dentro de ustedes produce solo cosas buenas, rectas y verdaderas.

Efesios 5:8-9 NTV

Dios radiante, sé lo que es vivir en oscuridad, pero también sé lo que es vivir en tu luz. Tu resplandor brilla desde todo lo que haces. Eres abundante en misericordia, en gracia y en tu leal y eterna bondad. En ti habita en plenitud la verdad, la sabiduría y la liberación.

Viviré en la luz y no en las sombras. Viviré con amor como mi motivación y mi consigna. Tu amor deja rastro y me muestra cómo poder brindar y ampliar la compasión. Tu camino no es fácil, por lo que muchos deciden no caminar en él siempre. Sin embargo, sí es simple. El camino del amor está lleno de luz. Soy tuyo y vivo con tu luz viva en mí. Me mostrarás el camino a medida que me mueva en ti.

Declaro que la luz de amor es mi fuerza y dirección, es la motivación de mi corazón y mi única esperanza santa. Soy una hija del Dios viviente y estoy llena de luz por su misericordia. Dejaré que mi luz brille intensamente.

NO SERÉ AVERGONZADA

El Señor Dios me ayuda, por eso no soy humillado,
por eso como pedernal he puesto mi rostro,
y sé que no seré avergonzado.

ISAÍAS 50:7 LBLA

Libertador, al tenerte como ayuda, sé que no seré avergonzada. Confío en ti todas mis preocupaciones, las incertidumbres de mi futuro y el cuidado de aquellos a quien amo. Guíame con tu mano derecha y mantenme en el camino de tu luz para que no me aleje de tu amor leal. Seguiré perseverando en ti y sabré que tu misericordia es más fuerte que las amenazas del corrupto. Tu justicia brillará como el alba y todo lo que sea malo lo cambiarás por algo bueno.

¡Lo harás! ¿Por qué debería temer a lo que trae el mañana cuando eres fiel y verdadero? Nunca me guiarás a la vergüenza. Confío en ti.

No seré avergonzada mientras busque al Señor. Tampoco me avergonzaré de Él porque Él no se avergüenza de mí. Me levantaré con alas como de águila y seguiré recibiendo ayuda siempre que lo necesite.

GRAN COMPASIÓN

Ten misericordia de mí, oh Dios, debido a tu amor inagotable; a causa de tu gran compasión, borra la mancha de mis pecados.

SALMOS 51:1 NTV

Padre misericordioso, tu presencia está inundada de amor infalible. ¿Cómo puedo agradecerte por llenarme con tu misericordia generosa cada vez que te busco? Dejo ante ti todas mis faltas. Ayúdame en tu amor y limpia mi culpa con tu compasión. No hay nadie mejor que tú. Quitas la culpa de mi pecado y lo alejas como alejas el este del oeste. Tu perdón no retiene nada para colocarlo en mi contra.

Incluso cuando camino sobre las consecuencias de mis malas decisiones, sé que tu misericordia me trae redención. Me darás la fuerza para seguir moviéndome en tu amor y restaurarás lo que yo no puedo restaurar por mí misma. Gracias.

Cuando Dios me perdona, realmente soy perdonada. No retendré para mí lo que Dios no retiene contra mí. Caminaré en amor y buscaré restauración con los demás con la libertad y la confianza de su ayuda.

TODO LO QUE TENGO

El sacrificio que te agrada es un espíritu quebrantado; tú, oh Dios, no desprecias al corazón quebrantado y arrepentido.

SALMOS 51:17 NVI

Todo lo que tengo, Señor, te lo entrego. No tengo mucho qué ofrecer, pero lo que tengo, te lo doy. Cuando te lo entrego todo con un corazón contrito y humillado, tú lo recibes con amor. Revíveme en tu misericordia de nuevo y me rendiré a tus caminos.

He tratado de hacer mi mejor esfuerzo para vivir con rectitud, pero estoy tan lejos de la perfección. Quiero vivir para tu satisfacción y no para la mía. No quiero ignorar lo que haces, pues eres rico en amor y siempre trabajas milagros de misericordia en este mundo. Llena mi vida con el fruto de tu Espíritu y permite que crezca un jardín glorioso de redención en mí. Soy tuya, Señor. Todo lo que tengo es tuyo.

No ocultaré mi debilidad de Dios. Hoy, le entrego mi corazón herido y humillado. Sé que me restaurará en su amor y me renovará. Él es mejor que todo.

SALVADOR HERMOSO

Pero él fue traspasado por nuestras rebeliones y aplastado por nuestros pecados. Fue golpeado para que nosotros estuviéramos en paz; fue azotado para que pudiéramos ser sanados.

ISAÍAS 53:5 NTV

Señor Jesús, es difícil meditar por lo que pasaste en las horas previas a tu crucifixión. Es tan terrible pensar en todo el suceso, pero es parte de la revelación del gran amor que diste para salvarnos. Gracias por tu sacrificio. Gracias por soportar lo impensable para que pudiéramos conocer la plenitud del Padre a través de ti.

Tu muerte no fue el final de la historia. El poder de tu resurrección es lo que me da vida en ti. Estoy asombrada por la tenacidad de tu misericordia y sé que sigo trabajando en desarrollar esa misma pasión de tu amor. Gracias por hacer lo que nadie hubiera hecho para darnos libertad en ti. Gracias.

Jesús tomó cada maldición sobre Él para que nosotros no tuviéramos que vivir bajo ese peso. Estoy viva por su amor y Él ha lanzado lejos el peso de mi pecado.

Cada carga

Entrégale tus cargas al Señor y él cuidará de ti;
no permitirá que los justos tropiecen y caigan.

Salmos 55:22 NTV

Señor, hay ocasiones en las que no sé cómo entregarte las cargas que afectan mi alma. En mi corazón confuso y quebrantado, no sé cómo separar el peso del dolor; sin embargo, así te lo ofrezco. Cuida de mí, Señor. Ayúdame como una madre ayuda a su hijo enferme. Sujétame y llévame cuando no pueda moverme en lo absoluto.

Sé que no te alejas. Tu amor es seguro, persistente y puro. Lléname con la misericordia de tu presencia y cuida de mí en las formas en las que yo no podría. Gracias por tu constancia, gracias por permitirme descansar en tu paz.

El Señor me cuida y me observa, me sana. Ahora le ofrezco mis pesadas cargas y permito que me ayude.

Una sabiduría mayor

Como son más altos los cielos que la tierra, así son mis caminos más altos que vuestros caminos, y mis pensamientos más que vuestros pensamientos.

Isaías 55:9 RVR1960

Grande Dios, estoy muy agradecida porque me recuerdas que tus caminos son mejores que los míos. Tus pensamientos son mejores que mis pensamientos. Cuando miro al cielo y me pongo a pensar en todo lo que alcanzo a ver, recuerdo a mi alma que tu amor es más grande que la expansión del universo. Tu misericordia está en todos lados. Tu gracia siempre está presente. Tu entendimiento es más grande que el de cualquier mente astuta en esta tierra. La anchura de tu sabiduría es más grande de lo que nuestro pequeño planeta.

¡Qué alivio es todo esto! Puedo confiar en ti todas mis preguntas y puedo acercarme a ti con mi confusión. Muéstrame un vistazo de tu perspectiva e instrúyeme en tu profundidad.

Nadie tiene más conocimiento que el Señor. Su sabiduría no tiene comparación; todo lo toma en cuenta. Dios no se abruma con mis problemas. Nunca se queda sin saber qué hacer ante una pérdida. Confiaré en Él y seguiré en sus caminos.

Lo entrego todo

Pero cuando tenga miedo, en ti pondré mi confianza.

Salmos 56:3 NTV

Poderoso Dios, no puedo aparentar que no tengo miedo cuando me oprime el pecho y me empuja a todos lados para que busque dónde protegerme. No quiero que el miedo me gobierne, quiero tu paz. Cuando tenga temor, quiero poner todos mis temores ante ti. No quiero guardarlos para mí o tratar de manejarlos. Te los entrego todos y elijo confiar en tu amor infalible. Esperaré en tu paz para llenar mi alma. Esperaré en ti.

Eres mi confianza y mi pronto auxilio en tiempos de tribulación y me das claridad y seguridad. Dame esa claridad, Señor. Dame el valor para seguir a través de tu sabiduría. Sin importar lo que venga, me sujetaré de tu mano y te entregaré todo lo que haya en mi mente y corazón.

No guardaré mis temores. No trataré solo de sobreponerme a la ansiedad por mí misma, sino que dejaré todo ante ti, Dios. Dependo de tu ayuda y te buscaré para recibir tu ayuda. Confío en el Señor.

FIDELIDAD SORPRENDENTE

Pues tu gran amor se eleva hasta los cielos
y tu verdad llega hasta las nubes.

SALMOS 57:10 NVI

Dios fiel, nunca habrá un solo día en que no sea testigo de tu fidelidad. Estás obrando tu fidelidad en el mundo en estos tiempos. Te estás moviendo en mi vida, incluso cuando no puedo sentirlo. Tu amor extravagante no olvida ni un solo momento ni señal. Abundas en amor y nos rebosas de tu compasión.

Hoy, revela tu amor leal en nuevas formas. Dame ojos para ver lo que tú ves. Dame oídos para oír lo que dices sobre mi vida y sobre los que me rodean. Moldea mi corazón, transfórmalo en tu presencia. Eres más maravilloso de lo que puedo comprender, pero anhelo conocerte más.

Declaro que el amor extravagante del Señor no me evade, sino que me cubre por completo. Es mi fuente de vida, es mi aliente y cada pequeña cosa que conozco. Adoro al Señor porque es confiable en su amor.

CANTARÉ

Pero yo cantaré de tu poder, y alabaré de mañana tu misericordia; porque has sido mi amparo y refugio en el día de mi angustia.

SALMOS 59:16 RVR1960

Dios poderoso, cuando medite en tu bondad, no dejaré de alabarte con mi corazón. Cantaré muy alto sobre tu misericordia y te dedicaré mis alabanzas porque has sido bueno conmigo y nunca te rindes en la obra que haces en mí.

Gracias por tu misericordia absoluta. Gracias por tu compasión. Has sido mi defensa y seguirás siéndolo. Eres mi refugio en el día de la tribulación y eres mi abrigo en tiempo de incertidumbre. Eres la roca sólida de mi fe. Eres poderoso y confío en que seguiré viendo tu bondad en mi vida y en el mundo que me rodea.

Cantaré hoy al Señor, no importa qué tan débil o fuerte sea mi voz. Le ofrezco la canción de mi corazón porque es la fuente de mi vida y es mi fortaleza.

DIOS DE JUSTICIA

Porque Dios es justo, y no olvidará lo que ustedes han hecho y el amor que le han mostrado al ayudar a los del pueblo santo, como aún lo están haciendo.

HEBREOS 6:10 DHH

Dios de justicia, tú ves todo lo que está delante de ti. Te das cuenta de cada decisión que tomo en amor. Todo lo tomas en cuenta y no se te pasa ni una sola acción. Incluso en las situaciones que otros no pueden ver del todo, tú sí las ves. Tú lo ves todo.

Me someto a ti, Señor, y a tus caminos. Seguiré en tu camino de amor, incluso cuando sea difícil entregarte mis preferencias y ofensas. Elijo hacerlo así porque es como tú lo haces, significa que es la mejor opción. Lléname con tu paz en esta travesía. Lléname con tu ánimo. Háblame, fortaléceme y camina conmigo a través de esta situación. Eres mi visión y te seguiré.

Elijo seguir rendida al Señor y elijo amarlo en toda situación. Confío en que el Señor ve lo que yo veo y que le importa. Dios me recompensará por cada acto de compasión, porque Él es justo y tendrá la última palabra en toda circunstancia.

Bajo su gracia

Así el pecado no tendrá dominio sobre ustedes, porque ya no están bajo la ley, sino bajo la gracia.

Romanos 6:14 nvi

Dios lleno de gracia, gracias porque el pecado ha dejado de dominarme. El miedo no es mi líder. El miedo no es quien me gobierna. La culpa dejó de dirigirme porque ahora eres tú. Tu gracia me ha llenado con la generosidad de tu amor. Has rebosado mi vida de tu bondad y me has atraído a tus aguas refrescantes que me revitalizan en tu presencia. Has limpiado las manchas de mis errores y no retienes mi pasado para usarlo contra mí. Me has liberado en tu amor; me has hecho libre en tu gracia de salvación.

Gracias por este regalo. Elimina los restos de mi culpa. Sopla el polvo de todas esas historias que me provocaron temor. Hay alivio en tu presencia y anhelo la presencia de tu Espíritu en mi vida. Hazlo de nuevo, Señor.

No hay condenación en Cristo. Me ama completamente y me libera en su misericordia, me llena de su paz. Estoy viva gracias a la liberación que recibo de su gracia para mi vida.

Confianza verdadera

Enséñales a los ricos de este mundo que no sean orgullosos ni que confíen en su dinero, el cual es tan inestable. Deberían depositar su confianza en Dios, quien nos da en abundancia todo lo que necesitamos para que lo disfrutemos.

1 Timoteo 6:17 NTV

Sabio Dios, sé que los recursos físicos van y vienen. El dinero puede ayudarnos a llegar a algunos lugares, pero no podemos confiar en él ni tampoco puedo construir mi vida. No quiero que mi vida caiga bajo la presión de lograr o mantener un estilo de vida ocio. Quiero vivir para lo que importe, para construir mi vida sobre tu amor que siempre es abundante, constante y nunca cambia de valor.

Confío en ti y en tus enseñanzas más de lo que confío en otras cosas o personas. No despreciaré ni amaré el dinero. Lo usaré como lo que es, una herramienta. Elijo mantener las prioridades primero y mantenerme cimentada en tu misericordia estable.

La confianza verdadera no viene de tener suficiente o de hacer suficiente. Siempre tendremos que enfrentar desafíos inesperados. La verdadera confianza se desarrolla en las relaciones y en el Dios vivo que no cambia en la misericordia. Dios es el fundamento de roca sólida que nunca se moverá. Confío en Él antes que en todos.

Bajo su fidelidad

Lo hizo así para que, mediante la promesa y el juramento, que son dos realidades que nunca cambian y en las cuales es imposible que Dios mienta, tengamos un estímulo poderoso los que, buscando refugio, nos aferramos a la esperanza que está delante de nosotros.

Hebreos 6:18 NVI

Dios constante, estoy tan agradecida de que seas mejor que cualquier ser humano. Nunca sale una sola mentira de ti y nunca puedes cambiar tus palabras. Tampoco cambias de opinión. Eres congruente en tu misericordia y eres infalible en tu bondad, eres victorioso en la justicia que reina.

Hoy corro hacia tu corazón y me oculto en tu fidelidad. Seguiré corriendo hacia ti porque nunca cambias. Cuando mi corazón esté molesto por las heridas imprevistas y por las traiciones, te mantendrás constante en amor abundante. No cambias. En tu corazón, encuentro la fuerza y el consuelo que me da poder para sujetar la esperanza firme de tus promesas.

Declaro que correré al corazón de Dios siempre que pueda. Me cubriré en su fidelidad. Siempre tendré su bondad en mi mente. Una y otra vez, hasta que sea tan natural como respirar, buscaré su refugio.

Ancla de esperanza

Tenemos como firme y segura ancla del alma una esperanza que penetra hasta detrás de la cortina del santuario.

Hebreos 6:19 NVI

Jesús, el ancla de mi esperanza está atada a ti. Mis oraciones, combinada con las tuyas, forman la cuerda que me aferra a la esperanza firme de tu reino en donde gobiernas con gracia y con verdad. Tú presentas mi caso ante el Padre como lo hacía el sumo sacerdote. Vas delante de mí arreglando el camino para mis pasos.

Aunque los vientos de prueba me lanzan de un lado al otro, sé que el ancla de mi esperanza es segura en tu amor. No me moverán y tú no me soltarás. Lléname con la fuerza y consuelo de tu presencia y calma con tu paz mi corazón preocupado. Confío en ti.

Declaro que nadie puede arrancarme la esperanza mi salvación, ni me la pueden robar ni ocultar. Estaré firmemente cimentada en el reino de Cristo porque Él es mi rey y mi líder. Le he dado mi lealtad.

SÉ BENDICIÓN

«Que el Señor te bendiga y te proteja; que el Señor te mire con agrado y te muestre su bondad; que el Señor te mire con amor y te conceda la paz».

NÚMEROS 6:24-26 DHH

Señor, hoy recibí esta antigua bendición. La recité sobre mi alma. Sé que tenemos poder con nuestras palabras y creo que las bendiciones también son poderosas. Cuando lea esta oración, ¿podrías llenarme con la cercanía de tu presencia? Lléname con el poder de tu Espíritu y levántate en mí.

Según avanza mi día, muéstrame a otras personas a quien también pueda darles esta bendición. Me encanta aliarme contigo y me encanta verte mover en el corazón y la vida de otras personas. Anímame para que pueda ser de ánimo.

Declaro que bendeciré libremente a quienes están en mi vida. Incluso a quienes me maldice, elegiré bendecirlos como Jesús me enseñó a hacerlo. Creo que bendecir da mucha más libertad que mantener un corazón ofendido.

EVIDENCIA EN TODO LUGAR

Miren los pájaros. No plantan ni cosechan ni guardan comida en graneros, porque el Padre celestial los alimenta. ¿Y no son ustedes para él mucho más valiosos que ellos?

MATEO 6:26 NTV

Padre celestial, cuando me pongo a pensar en los ciclos de la naturaleza y cómo los animales encuentran su abrigo y alimento, creo que debo confiar de que tú cuidarás de mí y me proveerás de la misma manera. Eres bueno, eres fiel y eres constante. Preocuparme acerca de lo que podría pasar, no me ayudaría en nada. Solo me desconectaría del presente.

Quiero estar totalmente involucrada y comprometida hoy. Cuando empiezo a distraerme por la ansiedad, ¿me ayudarás a enfocarme nuevamente? Sé que cuando medite en ti podré enfocarme en el presente. Puedo disminuir la velocidad y detenerme en el momento para tomar aire profundo. Me encontrarás en quietud.

Elijo no preocuparme por el mañana. Elijo disfrutar del presente. Elijo comprometerme completamente en mis relaciones, hacer lo que sé que tengo que hacer y dejar el resto en manos de Dios.

LO PRIMERO Y LO MÁS IMPORTANTE

Busquen el reino de Dios por encima de todo lo demás y lleven una vida justa, y él les dará todo lo que necesiten.

MATEO 6:33 NTV

Dios, deseo que mi búsqueda sea, ante todo, la búsqueda de tu reino. Quiero vivir en rectitud, elegir tu amor por sobre todas las cosas y vivir sin remordimiento. Me someto a tu voluntad y a tu forma de vivir. Me das inspiración para ver cómo la condición cultural y las traiciones vacías han reemplazado tu misericordia. No quiero buscar eso mismo y perderme tu amor radical. Quiero arriesgarme, aunque me vea tonta ante los demás, siempre que eso signifique buscar tu voluntad.

Jesús, sé que tu punto de referencia no es el mismo que escogería. No son ni siquiera los mismos estándares que me han enseñado. Dirígeme, Señor, en tu camino permanente. Estarás por encima de cualquier líder, cualquier relación y cualquier figura de autoridad en mi vida, porque tus caminos son mejores.

Los caminos del reino de Dios no son los de este mundo, de hecho, son mucho mejores. Por eso elijo el camino de Jesús. Elijo seguir su ejemplo y confiaré en Él de que me proveerá todo lo que necesito.

ACEPTACIÓN DE LA PROMESA

Todo lo que el Padre me da, vendrá a mí;
y al que a mí viene, de ningún modo lo echaré fuera.

JUAN 6:37 LBLA

Jesús, gracias por tu misericordia infalible. Me invita a pasar y no me echa fuera. En tu misericordia, te busco y anhelo tu presencia para poder llenar y dar el combustible necesaria a mi vida. Estoy confiado en que estoy aquí porque me llamaste. He respondido a tu llamado y mi corazón responde al correr hacia el tuyo. Soy tuya, estoy sometida a ti, confío en que me mantendrás cerca.

Aunque otros pongan condiciones para amar, tú no eres así. ¡Qué pureza y afecto! ¡Qué bondad y libertad! Gracias. Ayúdame a reflexionar sobre tu amor en los caminos en los que interactúo con las personas en mi vida. Aquel que no te rechace, yo tampoco lo rechazaré. Tu misericordia siempre llama, siempre reúne y siempre se extiende.

Vivo en el amor de Jesús y me siento libre con su opinión. Es mejor que cualquier otra persona y seguiré aprendiendo más de Él. Reflejaré su misericordia en mi vida diaria.

ELIJO EL PERDÓN

No juzguéis, y no seréis juzgados; no condenéis, y no seréis condenados; perdonad, y seréis perdonados.

LUCAS 6:37 LBLA

Señor, va contra mi tendencia natural el perdonar a quienes no parece importarse si han lastimado a los demás. Es difícil dar misericordia al arrogante. No es fácil retener las críticas de aquellos que claramente equivocan a los demás. Aun así, tu amor para todos es fuerte, puro y más grande que mis tendencias.

Dame la fuerza para perdonar, sana mi corazón y dame el valor para estar firme para rendir cuentas cuando sea necesario. El perdón no significa dejar que los poderosos usen a los vulnerables como presa. En mi caso, no dejaré que en el suelo de mi corazón crezca la raíz amarga de las críticas, la condenación o la falta de perdón. Ayúdame, Jesús.

Declaro que es mejor perdonar que sujetarse a una ofensa. Liberaré a aquellos que me han lastimado sin alejarme de la verdad. Elijo la misericordia.

Gracia rebosante

Denles a otros lo necesario, y Dios les dará a ustedes lo que necesiten. En verdad, Dios les dará la misma medida que ustedes den a los demás.

Lucas 6:38 TLA

Dios generoso, hoy sigo tu ejemplo. Das libremente de la abundancia de tu amor y con tu misericordia como mi fuente, te daré libremente también. Cada vez que lo hago, me llenas de nuevo. Cuando escojo dar con generosidad, me recompensas con más de lo que tenía antes.

Confío en que cuidarás de mí y me instruirás en tu sabiduría para seguir levantándome en tu voluntad y en tu reino. Reconozco que la generosidad es un principio de tu reino, por lo que no ignoraré su importancia en mi vida. Aumenta mi entendimiento de tu grandeza al seguir extendiendo tu misericordia en formas prácticas y poderosas. Gracias por las oportunidades que tenemos para cumplir con este principio.

Dios está lleno de gracia, generosidad y muchas más posibilidades de las que puedo darme cuente. No me quedaré atrás en temor. En lugar de ello, daré libremente en la sabiduría de Cristo. Sé que Dios me llenará.

EL BIEN QUE HAGAMOS

Recuerden que el Señor recompensará a cada uno de nosotros por el bien que hagamos, seamos esclavos o libres.

EFESIOS 6:8 NTV

Poderoso Dios, sé que siempre hay alguno bueno para hacer hoy. Tenemos oportunidades para ver a otros con una compasión práctica. Nos invitas a disminuir el ritmo y conocer a otros en la posición en la que están. Espero no estar tan ocupada en mi propia agenda que pierda oportunidades de extender bondad a otros.

Espíritu, tienes mi permiso para captar mi atención en cualquier punto hoy. Dirige mi enfoque en donde esté el tuyo. Muéstrame dónde puedo hacer una diferencia. Revélame dónde tengo herramientas para ayudar a los demás. Me entrego a ti, Señor. Quiero aliarme con tu corazón y poder. Voy a buscar formas para bendecir a otros con bondad, congruencia y seguimiento.

Declaro que mis acciones importan, tanto como mi palabra. Cumpliré las promesas que haga y tomaré un tiempo para disminuir el ritmo y conectarme compasivamente con otras personas.

DIOS YA SABE

No sean como ellos, porque su Padre sabe lo que ustedes necesitan antes de que se lo pidan.

MATEO 6:8 NVI

Padre, tengo tantas cosas en mi corazón, pero tú ya las has visto todas. También sabes qué quiero pedirte. Es un alivio conocerte como un Dios compasivo y que me recibes con los brazos abiertos. Dejo todo frente a ti ahora y te suplico que, más que nada, me llenes con el poder de tu presencia, aquí donde estoy.

Aligera mis pesadas cargas, estas que he estado sujetando y que hoy te entrego. Obra tú donde no puedo controlar. Lléname de gracia, sabiduría y compasión. Infúndeme fuerza y valor para enfrentar lo que me ataca. Confío en ti y dependo de ti. Señor, desvanece mis expectativas con tu gran bondad.

Dios es un padre y es bueno en todo momento. Nunca se aleja de mí en tiempo de necesidad. Me ofrece todo lo que necesito. No ocultaré nada hoy.

Sin rendirse

Así que no nos cansemos de hacer el bien. A su debido tiempo, cosecharemos numerosas bendiciones si no nos damos por vencidos.

Gálatas 6:9 NTV

Dios infalible, sabes cuán agobiante puede ser la vida en ocasiones. Tú sabes cómo es la vida, por lo que te suplico que me des tu divina perspectiva para respirar una expectativa renovada en mi alma. Invito a tu Espíritu a llenarme nuevamente con el poder de tu presencia. Dame poder con tu paz, gozo, amor y esperanza, pues necesito todos estos frutos.

Con tu gracia y fuerza vivas en mí, mantendré tenacidad en lo bueno. Continuaré haciendo lo que sé hacer. Seguiré buscando tu sabiduría y seguiré avanzando. Confío en que la cosecha está cerca cuando el trabajo difícil de soportar pague su recompensa. Confío en ti, Señor.

Confío en que mientras sigas perseverando en amor, probaré de la abundancia de su cosecha a tiempo. Declaro que la voluntad de Dios es la que vale la pena. Me llenará de gozo, paz y esperanza mientras lo siga.

ALABANZA EN LUGAR DE DESESPERACIÓN

A todos los que se lamentan en Israel les dará una corona de belleza en lugar de cenizas, una gozosa bendición en lugar de luto, una festiva alabanza en lugar de desesperación. Ellos, en su justicia, serán como grandes robles que el SEÑOR ha plantado para su propia gloria.

ISAÍAS 61:3 NTV

Señor, me aferro a la redención que prometiste y que está por llegar. Me sostengo de la esperanza de tu sanidad en mi alma, cuerpo y vida. Eres el que cambia las cenizas por belleza, un gozo por mi luto y alabanza en lugar de la desesperación. Te entrego mi debilidad, el cansancio de mi alma y el dolor de mi corazón. Te suplico que a cambio me des el esplendor de tu reino. Ayúdame, cultívame y constrúyeme en tu amor fuerte.

Quiero que mi vida refleje el poder de tu restauración y redención Necesito que hagas lo que ni me atrevo a pedirte ahora. Haz mucho más de lo que pueda imaginar con el poder de tu vida resucitada en mí.

La desesperación no es mi herencia y la desilusión no es el fin del camino. Existe más gozo, esperanza, adoración, belleza y bondad en camino. Hay más aquí en este momento en su presencia.

En quietud y en espera

Solo en Dios halla descanso mi alma;
de él viene mi esperanza.

Salmos 62:5 NVI

Dios, mi salvador, vengo delante de ti en absoluta quietud. Silencio mi corazón y mi mente ante ti. Eres el Dios que amo y en quien confío y dependo cuando necesito ayuda. Eres mi único salvador, mi única y verdadera esperanza y eres mi libertador. ¡No me falles, Señor!

Así como respondiste a los profetas y los salmistas que clamaron a ti, así me responderás. No me moveré hasta que respondas. No me moveré hasta que vengas a rescatarme. Me detengo y espero, mi corazón está en sintonía contigo y mi alma está atenta a ti. Ven, Señor.

No necesito acelerar mi día o entrar a cualquier situación sin la ayuda del Señor. Elijo esperar en él hoy y confío en que hable a través de mí.

La mano del alfarero

Dios, tú eres nuestro padre; nosotros somos el barro y tú eres el alfarero: ¡tú eres nuestro creador!

Isaías 64:8 LBLA

Creador, eres tanto quien me formó, como eres mi padre. Soñaste conmigo antes de respirar aliento de vida a mi carne y mis huesos. Sabías lo que hacías cuando me creaste y no despreciaré mi fragilidad, ni mis dones.

Estoy feliz de saber que hay un propósito detrás de cada vida. Hay belleza en todo lo que has creado y eso me incluye a mí. Eres el alfarero y yo soy tu arcilla. Me has formado y seguirás formándome. Pon tu voluntad en mi vida, pues confío en que siempre sabes qué es lo mejor.

Declaro que el Señor conocía bien sus acciones al crearme y al verme dijo que era bueno. Estoy firme en mi identidad como una hija amada. Viviré en la libertad de esa confianza y confiaré en que continúe obrando su misericordia en mi vida.

Consuelo maternal

Como madre que consuela a su hijo, así yo los consolaré a ustedes; en Jerusalén serán consolados.

Isaías 66.13 NVI

Consolador, envuélveme en la calidez de tu presencia. Abrígame en tu amor y consuela el dolor de mi alma. Calma mi preocupado corazón, habla vida para traer verdad sobre mis circunstancias y revela tu perspectiva permanente acerca de lo que valgo.

Necesito tu consuelo y tu ayuda. Hoy, derramo todas mis decepciones, dolores de corazón y mis lágrimas. Permitiré sentir las profundidades de la pérdida mientras me sujetas de cerca. Confío en que estás más cerca que el aliento de vida y que me estás respaldando ahora. Mantente cerca, Señor, mantente en tu tangible amor. Mantente cerca y libera el dolor que tengo adentro.

El amor de Dios no es distante y no es frío. Es tan cercano como el toque de una madre. Me consuela, me sostiene y me revive por medio de la fuente del amor. Me abraza en la bondad misericordiosa del corazón de Dios, donde estoy segura y donde puedo sanar.

TODOS TIENEN UN LUGAR

Padre de los huérfanos, defensor de las viudas,
este es Dios y su morada es santa.

SALMOS 68:5 NTV

Defensor, nunca ves sobre tu hombre al vulnerable, sino que siempre lo proteges y lo cubres cuando nadie más ha visto por él. Eres padre de los huérfanos y el defensor de las viudas. Además, eres santo, justo y verdadero, atributos que nunca cambiarás. Tu amor no es débil y tu misericordia es más fuerte que la tumba. Sí, ¡es más poderosa que la muerte!

No existe maldición, corrupción o maldad de este mundo que pueda superar el poder de tu amor. Nada nos puede separar de él. Nada ni nadie puede interponerse entre nosotros y tu amor. Viviré con los ojos abiertos para ver dónde puedo aliarme con tu corazón. Me uniré a ti para proveer a los desvalidos, defender a los vulnerables y enfrentar con justicia.

Dios tampoco subestima los dilemas de nadie. No deja que el vulnerable luche sus propias batallas y yo tampoco lo haré. Me levantaré en amor, permaneceré en la justicia y recibiré al herido. El amor de Dios no excluye a nadie y yo tampoco lo haré.

Una visión humilde

Los humildes verán a su Dios en acción y se pondrán contentos; que todos los que buscan la ayuda de Dios reciban ánimo.

Salmos 69:32 NTV

Dios, humillo mi corazón ante ti ahora. No quiero enorgullecerme y que eso me impida escuchar y seguir tu sabiduría. No quiero que las ofensas me alejen de los beneficios de tu amor. No quiero quedar atrapado en temor por llegar a creer que es más seguro eso que confiar en ti ante las incertidumbres.

Te busco para recibir tu ayuda hoy como siempre. Estoy cansada de buscar mi propia voluntad y estoy agotada de estar tratando de controlar lo que es imposible manejar. Me someto a ti con toda humildad, sé que puedo hacer lo que me toca y dejarte el resto a ti. Dame alegría en mi frustración, gozo en mi confusión y paz en mi ansiedad. Sé que tienes más bondad de la que ya he experimentado.

Vale la pena humillarme ante Dios y otras personas. No dejaré que el orgullo me haga sentir más importante que nadie más. Puedo ser fuerte y humilde, sabia y compasiva, inteligente y perdonadora.

Diciembre

Siempre estás cerca
de los que te llaman
con sinceridad.

Salmos 145:18 TLA

La sanidad llegará

Si mi pueblo, que lleva mi nombre, se humilla y ora,
y me busca y abandona su mala conducta,
yo lo escucharé desde el cielo, perdonaré su pecado
y restauraré su tierra.

2 Crónicas 7:14 NVI

Mesías, no desperdiciaré ni un minuto más en disculparme por mi falta de fe, mi falta de asombro y por mis respuestas de autodefensa. Me humillo ante ti ahora, con oración sincera y vulnerable, busco tu rostro como si mi vida dependiera de esto. ¡Pero es que mi vida depende de buscarte! Doy la espalda a mi egoísmo y corro hacia ti, Dios santo y misericordioso.

Perdóname por andar deambulando y tráeme al camino de tu amor vivo. Sana las áreas que han sido diezmadas en mi corazón y vida. Trae redención y restauración. Me entrego a ti.

El Señor escucha a quienes lo llaman. Responde a aquellos que lo buscan. Elijo someterme a Él porque creo que Dios es bueno, misericordioso, poderoso y verdadero. Confío en Él más de lo que confío en mí.

Corrientes de agua

Porque el Cordero que está en el trono los gobernará y los guiará a fuentes de agua viva, y Dios enjugará toda lágrima de sus ojos.

Apocalipsis 7:17 NVI

Cordero de Dios, eres mi pastor. Eres mi líder amado, quien me guía en las corrientes de tu agua viva y me refrescas en la belleza de tu presencia. Me siento tan agotada de este mundo y siento una carga sumamente pesada cuando trato de lograr mis objetivos sola. Existe tanta información, tanta maldad, que simplemente es demasiado para mí.

Guíame a las fuentes refrescantes de tu misericordia y revíveme en tu gozo puro. En tu presencia, puedo ver una pizca de lo que ha de venir en el futuro, una época donde el dolor, la injusticia y la pérdida solo serán un recuerdo. Sé que limpiarás toda lágrima de nuestros ojos. Incluso ahora, Señor, lléname en mi dolor y limpia mis lágrimas.

Jesús es mi pastor y confío en que me dará todo lo que necesito. Confío en Él para guiarme en la bondad de su reino. Confío en que Él me proveerá, me guiará en el descanso y cuidará de mi vida. Dejo mis preocupaciones ante Él y me inclino a su amor.

Una vez más

Volverás a tener compasión de nosotros. ¡Aplastarás nuestros pecados bajo tus pies y los arrojarás a las profundidades del océano!

Miqueas 7:18 ntv

Dios compasivo, gracias por el poder de la resurrección de tu vida sobre la mía. Gracias por la misericordia infinita que encuentro en tu presencia. Gracias por tu Espíritu que ministra consuelo, fuerza y valentía a mi alma cuando lo necesito. Eres mejor de lo que puedo describir.

Nuevamente, te acercas a mí en bondad. Lléname con la alegría pura de tu afecto. No hay nada mejor que conocerte. He encontrado plenitud de libertad, gozo y esperanza en ti. Me siento tan amada por ti, lo que me permite amarte libremente como consecuencia. Gracias por tus nuevas misericordias cada mañana.

Declaro que este momento es una oportunidad para que me llene la compasión sobreabundante del corazón de Dios. No está ni enojado ni decepcionado. Está lleno de amor que revivirá mi alma, que corregirá mis equivocaciones y que cultivará crecimiento en mi vida.

Más que posible

Por eso puede salvar -una vez y para siempre- a los que vienen a Dios por medio de él, quien vive para siempre, a fin de interceder con Dios a favor de ellos.

Hebreos 7:25 NTV

Jesucristo, eres mi Salvador. Eres el camino, la verdad y la vida. Eres la puerta abierta al Padre y puedo entrar libremente por tu gracia. Hay plenitud de gozo en tu presencia, hay aceptación plena en tu Espíritu. Soy tuya completamente, Señor, y dependo de tu ayuda cada día de mi vida.

Creo que para ti es más que posible tenerme segura en tu amor. Salvas a todo el que viene a ti. Ofreces tu redención a todos lo que vienen a Dios por medio de ti, por lo que no tengo dudas para entrar. Gracias por tu intercesión, por la ayuda de tu Espíritu y por el poder de tu amor incansable. Pertenezco a ti.

No tengo que temer por mi salvación cuando mi vida está escondida en Jesús. Es el Rey de reyes y el Señor de señores. Es el salvador del mundo y es mi confianza, mi fuerza y mi respaldo. Dios es mi todo.

Las puertas están abiertas

«Pidan y se les dará; busquen y encontrarán; llamen y se les abrirá».

Mateo 7:7 NVI

Señor, solo tú sabes lo que vive adentro de mi corazón. Solo tú puedes ver aquello que tengo miedo de mencionar. Son situaciones muy delicadas de pronunciar, aunque sé que puedo confiarte mis anhelos más vulnerables. Sé que eres gentil conmigo y eres paciente. Tu amor no me empuja hasta llegar a un punto de inflexión. Cuando me impulsa, es porque me ha arrastrado a un río enorme de tu misericordia, el cual es más seguro y cuidadoso. En este río me dejo llevar por su corriente.

Tu amor no buscar tener formas de manipularme para estar sometida. Tu amor no busca controlarme. ¡Tu amor me libera! Desde el lugar de libertad es que puedo orar y pedir las peticiones que están en mi corazón.

Cuando pido al Señor algo, Él me escucha. No esconderá de mí su bondad cuando en sus planes y su poder puede dármelo. Me mantendré en una actitud de búsqueda de Él, tocando y aprendiendo más porque es la bondad que he estado buscando.

Reconoce esto

Por tanto, reconoce que el Señor tu Dios es el único Dios, el Dios fiel, que cumple su pacto por mil generaciones y muestra su fiel amor a quienes lo aman y obedecen sus mandamientos.

Deuteronomio 7:9 NVI

Señor, sé que eres fiel. Mantienes tu pacto de amor a mil generaciones y mucho más. No cambias y sigues tratándome con misericordia. Te amo y te entrego el liderazgo de mi vida. Confío en que obras en todo con tu bondad por mi bien y para tu gloria máxima. Tejes los hilos sueltos de mi naturaleza quebrantada para completar mi vida con tu misericordia. Señor, haz aquello que solo tú puedes hacer.

En mi caso, confío en ti. Confío con mi corazón, mis planes y mi bienestar. Confío en ti para seguir con tu bondad mucho más allá de mi pequeña vida. Confío en que mantendrás tu pacto de amor con las generaciones que se traslapen y las que sigan. Eres fiel y eso nunca cambiará.

Declaro que la bondad de Dios no conoce fin. Hoy está lleno de bondad y su pacto de amor seguirá obrando en mi vida, en mi corazón y podré descansar en Él.

Sin críticas

Por lo tanto, ya no hay ninguna condenación para los que están en Cristo Jesús.

Romanos 8:1 NVI

Cristo Jesús, gracias por llevar el peso de mi vergüenza y por hacerme inocente a la vista del Padre. Envuélveme en tu amor, purifícame y líbrame. Ayúdame a vivir con la confianza de tu misericordia como mi fundamento. No quiero minimizarme, ni yo ni a los demás, solo por mis ideas acerca de lo que puedo o no puedo aceptar. En tu misericordia cada error lo conviertes en algo bueno. En el poder de tu resurrección encuentro libertad verdadera para vivir según tu ejemplo.

No quiero juzgar a otros por las cosas que tú ya me has perdonado. Dame la gracia para soltar las expectativas que no son realistas y así poder ampliar tu compasión y tu misericordia. Quiero un corazón sensible, cálido en lugar de un corazón frío.

Lo que Jesús no condena, tampoco yo lo condenaré. Viviré en la confianza de la misericordia de Cristo en mi vida y extenderé el poder de la misma misericordia a los demás.

Luz del mundo

-Yo soy la luz del mundo. El que me sigue no andará en la oscuridad, sino que tendrá la luz de la vida.

Juan 8:12 NVI

Jesús, eres la luz del mundo. Brillas como el sol radiante. Las sombras desaparecen ante tu luz y todo se vuelve más claro. Eliminas la niebla de confusión con tu presencia. Permites posibilidades que no podría ver si no fuera por tu ayuda.

Jesús, te sigo hoy y cada día. Eres la luz de mi vida. Brillas en mis áreas de oscuridad que quizás no veo. Ilumina las sombras para que pueda saber dónde estás, mientras me revelas dónde estoy contigo. Me inclino a tu entendimiento, tu ayuda y tu presencia para guiarme, preservarme e impulsarme. Brilla en mí, Señor.

La luz de Dios brilla en la noche oscura y me da vista para que pueda ver lo que no podía entender sin Él. Me inclino a su sabiduría, aprendo más de su presencia y confío en Él por encima de cualquier persona.

Espíritu de adopción

Y ustedes no han recibido un espíritu que los esclavice al miedo. En cambio, recibieron el Espíritu de Dios cuando él los adoptó como sus propios hijos. Ahora lo llamamos «Abba, Padre».

Romanos 8:15 NTV

Abba Padre, sé que puede acercarme a ti a cada momento confiadamente y sin temor. Elijo hacerlo ahora. Gracias por recibirme con compasión. Me conoces mejor que cualquiera porque eres mi buen, buen padre. Corro a tus brazos en este instante. No me negaré porque me atraes para llegar hasta ti. Me atraes con bondad y con tu amor. ¿Cómo podría quedarme lejos? ¿Por qué podría elegir alejarme?

Háblame, Padre, mientras corro a tu presencia hoy. Sujétame, reafírmame y enséñame. Sé que me llenas con la abundancia de tu conocimiento íntimo cada vez que te busco. No retengas nada de mí, pero llámame en tu sabiduría porque soy tu hija.

No permitiré que las experiencias con mis propios padres me alejen de buscar hoy al Señor. Sé que Él es el perfecto amor. Siempre conoce mis necesidades y las satisface para que descanse en Él.

Busca y hallarás

Amo a todos los que me aman.
Los que me buscan, me encontrarán.

Proverbios 8:17 NTV

Dios compasivo, deseo buscar más de ti. Anhelo encontrarte en los detalles de mi día. Quiero ver dónde me encuentra tu misericordia en medio de este polo, pues donde tú vives es tierra santa. No obstante, incluso aquí donde estoy ahora, estás conmigo.

No tengo que buscar demasiado para encontrarte. Aun así, el hambre de mi alma sigue creciendo. Mi corazón anhela saciarse en tu amor. Te amo y no dejaré de amarte. Una de las verdades más grandes es que tú me amaste primero. Abre mis ojos para ver dónde está tu amor. Aumenta mi entendimiento para que pueda percibir la grandeza de tu bondad en mi vida.

El Señor promete que encontrará a aquellos que tienen hambre y sed de Él. Me llenará y saciará mi sed gracias a las aguas vivas de su presencia. ¡Sí, señor!

Devolverá el gozo

Él volverá a llenar tu boca de risas
y tus labios con gritos de alegría.

Job 8:21 NTV

Redentor, anhelo que regresen esos días de risa. Quisiera estar en una sintonía máxima con tu gozo para estar en contacto con tu alegría, con esa risa presta como invaden los ríos de tu regocijo mi alma. Sé que tu gozo siempre está disponible y cerca, sin importar cuán seca me haya sentido.

¿Me refrescarás en el placer abundante de tu amor en este día? Anhelo de ti más de lo que puedo expresar. Permite que la esperanza aumente en mí, así como te derramas sobre mi mente, corazón, alma y cuerpo con tu presencia. Eres mi bondad sobreabundante en cada etapa del alma y sé que no me fallarás.

El Señor es mi fuerza y mi canción. Es mi libertador y mi torre fuerte. Es mi deleite y mi gran gozo. ¡Su generoso amor es mío! Hoy, conoceré el alivio refrescante de su presencia conmigo.

Fuerza espiritual

Del mismo modo, y puesto que nuestra confianza en Dios es débil, el Espíritu Santo nos ayuda. Porque no sabemos cómo debemos orar a Dios, pero el Espíritu mismo ruega por nosotros, y lo hace de modo tan especial que no hay palabras para expresarlo.

Romanos 8:26 tla

Espíritu Santo, estoy agradecida porque me ayudas en todo. Presto atención a tu cercanía y te pido una revelación fresca del poder que está obrando en mí; lléname. Amplía mi entendimiento con tu sabiduría y revela la fuerza de tu gracia tangible que renueva mi motivación y me libera de mis preocupaciones. Eres mejor que cualquier ideología, más poderoso que un pensamiento de buenos deseos y más real que mis temores.

Espíritu, muévete en mí y ruego por mí con una intercesión profunda y con palabras difíciles de expresar. Cuando no sepa cómo orar, sé que puedo leer mis sentimientos, mis esperanzas, mis desánimos y mi propia alma. Confío en que podrás expresar en mi nombre lo que no puedo comunicar al Padre.

No estoy sola. Tengo al Espíritu Santo que obra en mí y alrededor de mí. Es mi ayuda, mi consuelo, mi fuerza, mi gozo y mucho más. Tengo todo lo que necesito hoy.

TODA OBRA PARA BIEN

Ahora bien, sabemos que Dios dispone todas las cosas para el bien de los que lo aman, es decir, de los que él ha llamado de acuerdo a su propósito.

ROMANOS 8:20 RVC

Señor, confío en que todo aquello que no puedo entender sigue en el reino de tu soberanía. Aunque algunas cosas en el mundo son terribles, trágicas y hasta traumáticas, no creo que tú seas la causa de todas esas situaciones. Eres misericordioso y nos visitas en medio del desorden de nuestra vida. Eres el redentor y todo aquello que pudo habernos destruido, lo conviertes en aguas para nuestra sanidad.

Mientras más confío en ti, más confío en que sigues obrando en mí para completarme en tu amor. No dejaré que nada se desperdicie en tu misericordia. Restaurarás lo que otros han buscado destruir y sembrarás bondad en las tierras vacías de mi camino.

Confío en que Dios no ha terminado su obra de milagros y misericordia en mi historia. Seguiré estando activa en mi vida y Él transformará mi dolor en baile. Me ungirá en épocas de plenitud donde el fruto del Espíritu sea abundante y evidente. Lo adoraré y confiaré en Él.

PERMANECER EN LA VERDAD

Entonces Jesús dijo a los judíos que habían creído en él: «Si ustedes permanecen en mi palabra, serán verdaderamente mis discípulos; y conocerán la verdad, y la verdad los hará libres».

JUAN 8:31-32 RVC

Jesús, estoy muy agradecida de la libertad que prometes en tu verdad. Quiero buscar tu amor liberador en tu palabra y en mi vida. Me dedicaré a estudiar los evangelios y a llenarme con tu palabra. Meditaré en tu verdad de vida para que me transforme de adentro hacia afuera.

Creo que eres quien dices ser, que eres el camino, la verdad y la vida. Eres el salvador y eres bueno y fiel. Eres misericordioso, paciente, bondadoso y justo. Eres el Dios que sana, el Dios que salva y el Dios que redime. ¡Eres simplemente tú! Permaneceré hoy en tu palabra y así, seguiré ampliando mi conocimiento de tu bondad.

El Señor es verdadero y en Él hay plenitud de amor que da vida. Meditaré hoy en su palabra y dejaré que hable a mi mente y corazón durante el día. Me hará libre en su verdad.

Aferrarse ligeramente

Si tratas de aferrarte a la vida, la perderás; pero si entregas tu vida por mi causa y por causa de la Buena Noticia, la salvarás. ¿Y qué beneficio obtienes si ganas el mundo entero pero pierdes tu propia alma?

Marcos 8:35-36 NTV

Señor y Dios, quiero aferrarme fuertemente a las cosas que perduran en lugar de aferrarme a aquello que fácilmente se desvanece. No quiero considerar mi vida como algo a qué aferrarse por ser de gran valor y dejar de seguirte. Eres digno de recibir mis días porque eres el centro completo de toda mi vida.

Sé que la devoción se conforma de momentos y de las elecciones diarias que tomemos. Ayúdame a elegirte a ti. Ayúdame a elegir tu amor, compasión y el beneficio de otros, así como elegía andar en mis placeres y deseos. Sé que en ti encuentro todo lo que hube perdido. No hay nadie como tú.

Mi vida ha sido transformada por las buenas nuevas del evangelio y no lo olvidaré. Sujetaré ligeramente mis planes y permitiré que la compasión del Señor me guíe hoy.

VICTORIA GLORIOSA

A pesar de todas estas cosas, nuestra victoria es absoluta por medio de Cristo, quien nos amó.

ROMANOS 8:37 NTV

Gran Dios, incluso en medio de mis problemas y pruebas, tú haces un camino para que pueda superar todo ello, en tu gozo. Eres el victorioso sobre toda situación. Estás encima de mi dolor, de mi sufrimiento y de mi dolor. Tu misericordia sigue conmigo en toda circunstancia.

Me llamaste para ser más que vencedora por medio de tu amor vivo. Hoy tengo acceso al poder de tu resurrección y es algo que no olvidaré. Tú redimes a quienes parecieran no merecerlo. Respiras aliento de vida sobre los huesos secos y derrites los corazones más fríos con el fuego de tu pasión. Tu amor extravagante es mi esperanza, mi alimento y mi todo. Lléname una vez más, ámame y habitaré en tu presencia para que pueda seguir avanzando en tu victoria como una vencedora confiada.

Soy más que vencedora por medio de Cristo. Sin importar lo que enfrente hoy, lo enfrentaré con el poder de su amor como mi fuente de vida, esa vida que recupero en la misericordia que me brinda día con día.

ABSOLUTAMENTE NADA

Y estoy convencido de que nada podrá jamás separarnos del amor de Dios. Ni la muerte ni la vida, ni ángeles ni demonios, ni nuestros temores de hoy ni nuestras preocupaciones de mañana. Ni siquiera los poderes del infierno pueden separarnos del amor de Dios.

ROMANOS 8:38-39 NTV

Creador, creo que eres la fuente de toda criatura viva. Eres el único que ha podido colocar las estrellas en el firmamento y estableció los planetas y su movimiento. Creaste los ciclos de vida. Nada existe fuera de ti ni de tu amor leal.

Tu palabra dice que eres amor. Todo lo que haces refleja el poder indescriptible de tu misericordia y tu bondad. Absolutamente nada en la creación, ni arriba ni abajo, puede alejarme de tu amor. Nada que haya existido en el pasado, en el presente o en el futuro me puede separar de ti. Eres mi fuente y mi esperanza. Eres mi propósito y todo lo que necesito, así como mucho más de lo que pudiera haber esperado recibir. Eres inmensamente bueno y por eso, dependo de ti.

Nada me puede separar del amor de Dios en Cristo. Su bondad siempre obra en mi vida y sé que su abundancia también es mía hoy. No me da migajas de amor, sino que siempre me da una porción completa.

BONDAD Y HONOR

Porque Dios el Señor nos alumbra y nos protege;
el Señor ama y honra a los que viven sin tacha,
y nada bueno les niega.

SALMOS 84:11 DHH

Dios, sé que cuando me dedico a analizarte como eres, mi corazón se llena de ánimo. Eres tan bello, verdadero y de gran bondad. Me ofreces la misma bondad y honor que le ofreces a quien suplica por tu ayuda. Lléname de tu generosidad y amor en este día.

Estás presente en mi gozo y en mi necesidad. Eres mi sol y mi escudo, brillas luz en las tinieblas y me das ojos para ver. Me envuelves con el escudo de tu presencia y me das una visión a cómo son los caminos de tu reino mientras me cubres con tu gracia de protección. Creo que eres generoso y no voy a negarme recibir tal bondad. Soy tuya, Señor.

El Señor me ofrece su bondad y honor. En donde él elimina la culpa, también me ofrece misericordia. Me levantaré en su amor y permitiré que su gloria radiante brille en mí.

Dios nos fortalece

¡Qué alegría para los que reciben su fuerza del Señor,
los que se proponen caminar hasta Jerusalén!

Salmos 84:5 NTV

Buen Padre, sabes cuánto dependo de tu gracia y fuerza en mi vida. Aunque puedo ir caminando sola, mis recursos van menguando. Mi esperanza se agota en tiempos de prueba. Mi resolución tambalea cuando los vientos de este mundo soplan continuamente en mi camino.

Señor, eres mi fuerza y mi escudo. Eres el único que me ofrece una abundancia de gracia. No existe nada que te reserves para los que amas y que te buscan. Tu misericordia es lo suficientemente poderosa para derribar la vergüenza de mis fracasos. Es tan grande para redimir lo que nunca hubiera podido revivir por mí misma. Eres mucho mejor de lo que hubiera podido soñar. Me siento fortalecida contigo, mi Señor. Mi corazón es tuyo.

Los caminos de la santidad no se encuentran en las travesías físicas, sino en los caminos que pavimentamos con nuestro corazón. Mi corazón sigue el camino del amor de Cristo y no me detendré, seguiré caminando.

Pasión abundante

Porque tú, Señor, eres bueno y perdonas;
eres todo amor con los que te invocan.

Salmos 86:5 dhh

Señor, cuán maravillosamente bueno y perdonador eres. Tu misericordia no es débil y tu amor no es débil. De hecho, son más fuertes que la tumba. Quiero vivir con la confianza de que tu amor vive en mí. Quiero elegir la compasión en lugar de un juicio frío. Quiero elegir la misericordia en lugar de la apatía.

No es fácil porque elegir participar de lleno en el amor cuesta. Tú consideraste que cada uno de nosotros valía ese precio. ¿Por qué viviría para protegerme cuando tu ejemplo es entregarlo todo en nombre del amor? Aunque en ocasiones es difícil emular tu amor firme, vale la pena el esfuerzo. ¡Tú lo vales! Clamo el nombre del Señor que perdona mi pecado. Vivo en la luz de tu libertad y elijo seguir tu ejemplo.

La pasión del Señor está llena de sabiduría, fuerza y esperanza. Su amor se hizo carne. El amor será el lema por el que viva mientras interactúo con otros.

NO IMPORTA

Con mi mano lo mantendré firme;
con mi brazo poderoso, lo haré fuerte.

SALMOS 89:21 NTV

Poderoso Dios, gracias por darme una invitación abierta y sin fin a tu gracia infinita, la cual es mi sustento en cada temporada, en cada necesidad y en cada pregunta. No importa lo que venga, tú serás mi fuerza. No importa lo que pase, tú me ofreces tu gracia. No importa qué pase, tú estás conmigo.

Me siento más que agradecida por recordar esto hoy. Refresca mi esperanza en ti cuando tu verdad me lave nuevamente. Restaura mi paz a medida que amplías tu amor en mí. Eres bueno ilimitadamente y la gracia sobreabunda en ti. Vengo a tus aguas a sumergirme en tu paz presente. Me lleno de tu verdad.

El Señor promete ser mi fuerza. No importa lo que pase, me ofrece su gracia para sostenerme. Hoy hago mía esa oferta. Los buscaré para renovarme y para buscar la gracia que me da poder para perseverar en la esperanza.

Confiable y verdadero

En ti confían los que conocen tu nombre, porque tú, Señor, jamás abandonas a los que te buscan.

Salmos 9:10 NVI

Padre fiel, confío en que me sostienes. Confío en que consuelas. Confío en que me das la fuerza para buscar tu voluntad en todo lo que haga y por donde camine en esta vida. Confío en que nunca me dejarás.

Dijiste que nunca abandonarás a aquellos que te buscan y ahora estoy en busca de ti y no me detendré. Espero en ti, confío en que me das todo lo que necesito. Seguiré los caminos de tu misericordia en lugar de mantenerme estancada en el temor. Cuando me lo indiques, también te seguiré. Cuando me digas que espere en tu ayuda, esperaré. Gracias por la armonía con tu Espíritu. ¡Confío en ti!

El Señor es confiable y verdadero. Nunca cambiará. Hoy le recuerdo a mi alma lo que Él ha hecho en su fidelidad y me mantendré buscándolo. Mantendré mi esperanza y perseveraré en todo lo que venga a mi vida.

Es posible

«¿Cómo que si puedo?
Para el que cree, todo es posible».

Marcos 9:23 nvi

Salvador, me has dado mucho más de lo que podría pagar. Me abriste el camino a la plenitud de la presencia del Padre y entré. Me he ido acercando a medida que me atraes a tu Espíritu. Escuché tus palabras de vida: «No temas, estoy contigo».

Cuando me colmas de cánticos de amor y ritmos de vida, me sumerjo en tu bondad y revivo en tu esperanza. No tengo que ser perfecta ni justa. Soy tuya y me entrego a la misericordia que me cubre. Hiciste posible lo imposible y seguirás moviéndote en maneras que no puedo imaginar. Eres mejor que cualquier mejor día que pude haber tenido y has sido más fiel que cualquiera en el peor de mis días. Confío en tu palabra y en tu presencia. Confío en tu amor. Has ganado mi corazón, Señor, y ahí lo mantendré.

Lo imposible se vuelve posible en la misericordia milagrosa de Dios. Lo que Dios dice que hará, eso hará. Lo que promete, lo cumple. Me sujetaré en la esperanza y oraré con intensidad para conocer el poder incomparable de Dios en mi vida.

Consejero admirable

Porque nos ha nacido un niño, se nos ha concedido un hijo; la soberanía reposará sobre sus hombros y se le darán estos nombres: Consejero Admirable, Dios Fuerte, Padre Eterno, Príncipe de Paz.

Isaías 9:6 NVI

Poderoso Dios, al meditar en la humildad que habitaba en ti, recuerdo también la misericordia que has puesto hoy en mí. No contaste tu vida ni tu reino como algo a qué aferrarte, te hiciste a un lado por un tiempo para mostrarnos cómo eras. Tú, quien no conoció pecado ni vergüenza, tomaste mi culpa sobre tus hombros y ahora soy libre porque me redimiste.

Recibe toda honra por tu vida, por tu muerte y por el poder de tu resurrección. Eres el consejero Admirable, Dios fuerte, Padre Eterno, Príncipe de Paz y muchos otros atributos. Traigo a mi memoria lo que hiciste y sé que nunca cambiarás. ¡Estás vivo! Sigues siendo el mismo y así será por siempre.

Jesús se humilló hasta lo sumo para mostrarnos el camino al Padre. Nos da libertad y paz y nos ofrece restauración. Reciba toda la honra y le ofrezco mi alabanza.

Compartir libremente

Y Dios puede hacer que toda gracia abunde para ustedes, de manera que siempre, en toda circunstancia, tengan todo lo necesario y toda buena obra abunde en ustedes.

2 Corintios 9:8 nvi

Buen Padre, gracias por la plenitud de tu misericordia. No retienes ninguna buena dádiva para nosotros. Eres Dios de amor leal, sobreabundante en paz y siempre con gran gozo. Ves las áreas de necesidad en mi vida antes de que te pida algo.

Hoy, te suplico un toque tangible de tu misericordia para que la bondad llene mi vida. Cuando extiendo mi propia compasión y la comparto con otros que pasan necesidad, sé que tú me llenarás y proveerás para mí y para los míos. Dios de abundancia, eres mi Padre y confío en ti. Eres generoso y no tengo temor de tu respuesta al suplicar tu ayuda. Gracias.

El Señor me ha dado tanto sin condición, por lo que yo también compartiré libremente la recompensa de mi vida con otros. Contaré cada sacrificio como un don de la gracia de Dios. Aprendo a amar en libertad y a extender mi experiencia, así como mi entendimiento.

Siempre disponible

El Señor es refugio de los oprimidos;
es su baluarte en momentos de angustia.

Salmos 9:9 NVI

Señor, gracias por estar disponible en cada momento por medio de tu Espíritu. No existe un solo minuto en el que te busque y en el que estés muy ocupado. Incluso cuando no puedo percibir tu presencia, sé que estás conmigo porque eres fiel a tu palabra. No te alejas de quienes buscan ayuda en ti. No te cierras para quien corre a ti buscando refugio. Eres fortaleza en tiempos de tribulación.

Levántate en nombre de tu pueblo y cambia el rumbo de nuestras batallas. Abre brechas en los lugares donde no tengamos salida. Trae luz en la oscuridad. Señor, obra mientras corremos a escondernos en tu fidelidad.

Todos los oprimidos podrán encontrar su refugio en Dios todopoderoso. No me aliaré con aquellos que buscan dominar al vulnerable. Me mantendré firme con el Señor y seré un lugar de refugio para quienes lo necesiten.

Descanso en el Todopoderoso

El que habita al abrigo del Altísimo descansará a la sombra del Todopoderoso.

Salmos 91:1 NTV

Dios todopoderoso, existe un millón de caminos que nos pierden entre las exigencias tiránicas de la vida moderna, pero así no funciona tu reino. Me hago a un lado al ver las listas de requerimientos para ser exitosa a los ojos del mundo y es cuando acudo a ti. No dejaré de hacer el trabajo que me toca hacer, pero no haré más allá de eso. Elijo descansar en tu fidelidad como confío en el poder que obra en mí.

No nos dices que debemos trabajar sin descanso. Anhelo aprender los períodos del descanso que practicaste para que pueda sentirme libre para llenarme de paz, diversión y un descanso verdadero y profundo. Gracias por las actividades de recreación y diversión. Gracias por los pequeños deleites y el placer de bajar revoluciones y enfocarnos.

Haré el trabajo que me toca hacer hoy y dejaré el resto para otro día. Sin importar qué exquisita se vea la oportunidad, me libraré del anzuelo y me conectaré con los que amo en formas significativas.

Mi rescate

El Señor dice: «Rescataré a los que me aman; protegeré a los que confían en mi nombre».

Salmos 91:14 NTV

Mi libertador, te amo y confío en ti. No solo se trata de palabras que debo repetir de tu palabra, sino que es el eco que permanece en el deseo de mi corazón. Amar y confiar en ti por completo es el deseo más profundo que tengo. Elijo acercarme a ti sin importar si me haces señales para acercarme.

Ves las cosas que no puedo controlar. Conoces las preocupaciones que iluminan mi mente de noche. Conoces los problemas que enfrento y tú me preservas seguro en tu fidelidad. Procede como solo tú puedes hacerlo y ministra paz a mi corazón y a mi mente. Corro al refugio de tu presencia ahora. Guárdame ahí por tu gracia. Confío en ti más que en cualquier persona.

Declaro que Dios es digno de mi amor y mi confianza. Es mi salvador en cada área de necesidad. No quiere que lo ame con un amor perfecto, pues Él cubre lo que me falte. Una y otra vez traeré mi atención a Él al ofrecerle mi corazón.

CONFIARÉ

Diré yo a Jehová: Esperanza mía, y castillo mío;
mi Dios, en quien confiaré.

SALMOS 91:2 RVR1960

Dios, cuando las tormentas de este mundo se levantan y los vientos me amenacen con llevarme, encontraré una fortaleza en tu amor. Eres mi torre fuerte, el lugar al que acudo cuando no tengo a dónde ir.

Gracias por no despreciar mis llamados. Siempre estás listo para ayudarme. No importa si la última vez que hablamos fue hace diez minutos o hace diez años. Nunca te alejas de mí. Hoy, confío en ti a pesar de todo lo que viene en mi camino y no dejaré de confiar en ti. Que tu fidelidad brille como el sol de mediodía.

Declaro que hoy vacío toda mi confianza en Dios. Es Dios fiel, Dios que nunca se cansa ni agota. Nunca duerme ni se distrae. Siempre está atento a darme de su poderosa ayuda.

Refugio en la fidelidad

Con sus plumas te cubrirá y con sus alas te dará refugio. Sus fieles promesas son tu armadura y protección.

Salmos 91:4 NTV

Dios eterno, de época en época, has sido el mismo. Ofreces misericordia a todos lo que te buscan. Vemos que tu generosidad no tiene igual. No ofreces tu amor con condiciones, solo ofreces tu refugio a los vulnerables y haces caminos donde no había ninguno.

Eres el mismo Dios que partió el mar para que los israelitas pudieran escapar por tierra seca de sus captores. Eres el mismo Dios que peleó en nombre de su pueblo. Eres el mismo Dios que abrió los grilletes y las puertas de la prisión. Seguirás haciendo lo que has hecho en un amor leal. Aumenta mi fe mientras sigo entrando a tu fidelidad.

El abrigo de la presencia de Dios no está reservado para las personas más religiosas. No es un lugar para la aparentemente élite santa. Es para todos los que lo buscan. Me cubre con sus alas y me da refugio entre sus alas. Promete ser mi armadura y protección.

UN DULCE ALIVIO

Cuando en mí la angustia iba en aumento,
tu consuelo llenaba mi alma de alegría.

SALMOS 94:19 NVI

Príncipe de paz, me conociste en mi peor momento y me has visto cuando he estado mejor. Me has visto furiosa con ira, inundada por la preocupación y abrumada por el temor. Me has visto llena de esperanza, decidida a deleitarme en el momento y me has visto riendo con los que amo. Y sigues siendo el mismo, no te importa cuál es mi estado emocional.

Cuando la ansiedad me hace dar vueltas y me preocupa por las incertidumbres que vienen, sé mi consolador. Sé mi gran paz y calma mis crispados nervios. Reduce la velocidad de mis pensamientos con la paz de tu presencia. Trae alivio a mi mente y corazón cuando me des tu perspectiva, la cual no se preocupa, es valiente y confiada en el amor. Eres el único quien puede lograr esto conmigo. Confío en ti.

El Señor es mi consuelo y mi fuerza. Trae alivio cuando está cerca y siempre está cerca. Le daré mi atención y beberé de las aguas refrescantes de su presencia. El gozo y la esperanza son mías.